# पर्यावरण
# और
# समकालीन हिन्दी साहित्य

डॉ. प्रभाकरन हेब्बार इल्लत

वाणी प्रकाशन

प्रकाशन के उत्कृष्टतम 61 वर्ष

सजिल्द पहला संस्करण : 2019
सजिल्द दूसरा संस्करण : 2024

vaniprakashan.com

वाणी प्रकाशन

*4695, 21-ए, दरियागंज, नयी दिल्ली-110 002*

फ़ोन : +91 11 23273167, 23275710

**शाखाएँ**

*अशोक राजपथ, पटना-800 004, बिहार*

*कॉफ़ी हाउस कैम्पस, महात्मा गांधी मार्ग, प्रयागराज-211 001, उत्तर प्रदेश*

*महात्मा गांधी अन्तरराष्ट्रीय हिन्दी विश्वविद्यालय, वर्धा-442 001, महाराष्ट्र*

*36/ए, शेक्सपियर सरणी, रानी बिरला गर्ल्स कॉलेज के पास, कोलकाता-700 017, प. बंगाल*

sales@vaniprakashan.in
vaniprakashan@gmail.com

PARYAVARAN AUR SAMKALEEN HINDI SAHITYA
*by* Dr. Prabhakaran Hebbar Illath

ISBN : 978-93-88684-09-5
Criticism



मूल्य : ₹ 595



*आर. टेक ऑफ़सेट प्रिंटर्स, दिल्ली-110 032 में मुद्रित*

*वाणी प्रकाशन का लोगो मक़बूल फ़िदा हुसेन की कूची से*

समर्पण

जीवन की हरियाली एवं नमी को

बरकरार रखने के संघर्ष में जुड़े

सारे योद्धाओं को

तुम्हारी अतिसन्तृप्त वासना ने बढ़ा दिया है
पृथ्वी का तापमान/घातक हो गयी है/प्राणवायु
दूभर हो गया है जीवन–/जीव–जन्तुओं और बनस्पातियों का
सोचा है कभी तुमने/खूबसूरत पंखों वाली चिड़ियों के बिना
पृथ्वी कितनी रंगहीन हो जायेगी/...और खो जायेगा एक दिन
धरती का संगीत।

—**राज्यवर्द्धन**

# आरम्भ में

*साहित्य अपने समय का साक्षी, उसकी प्रकट–अप्रकट सच्चाइयों और उस काल के अभावों, विषमताओं का, सम–विषम घटनाचक्रों और मानव और समाज को तोड़ने वाले हर कुचक्रों का जीवित आलेख होता है, पर उसका कर्म मात्र, उस तक समाप्त नहीं हो जाता, वह तो संघर्ष की एक नयी धारा का सृजन करता है।*

**–उमेश चतुर्वेदी**

मानव का जीवन दृश्य प्रपंच और वैचारिक प्रपंच द्वारा संचालित है। मानव के आशय या वैचारिक प्रपंच का जब विस्तार होता है उसकी मात्रा के अनुरूप नवीन जीवन यथार्थ प्रत्यक्ष होता है। तभी इस संसार के नवीन रहस्य उद्‌घाटित होते हैं। दूसरे शब्दों में, इस प्रकार का रहस्य मानव की सर्जनात्मक ऊर्जा का नतीजा है जो प्रकृति के साथ मानव की क्रिया–प्रतिक्रिया के आधार पर विकसित होता है। सतत विकासमान किसी भी तत्व को परिभाषित करना असम्भव है। इसलिए साहित्य एक 'जैविक वस्तु' होने के कारण सतत विकासशील है, निरन्तर परिवर्तनशील है, स्थल–काल के साथ उसकी रूप–संरचना, संवेदना आदि बदलती चली जाती हैं। मानव, असल में एक लम्बे अनुभव संसार का अंश है या वह एक विराट सांस्कृतिक शृंखला की कड़ी है। अपनी सांस्कृतिक विरासत से ऊर्जा ग्रहण करते हुए मानव अपने जीवन व परिवेश को पुनर्निर्मित करता है और आत्मिक आनन्द का अनुभव करता है। इससे व्यक्ति का आत्मप्रकाशन सम्भव होता है। यही मानव की सर्जनात्मकता की उपादेयता है। इसी में मानव जीवन की अर्थवत्ता, गुणवत्ता और समृद्धि है।

साहित्यकार समाज की उपज है। मानव की समस्त सर्जनात्मकता के मूल में ज्ञान का भण्डार कार्यरत होता है जो भाषा में सुरक्षित है। यह ज्ञान भण्डार एवं भाषा व्यक्ति की सम्पत्ति नहीं होता है, समाज की संचित, समेकित सम्पत्ति है। मानव अपने जीवन में इस ज्ञान को आत्मसात करता है तथा समय के बुलावे के अनुरूप उसको नया रूप देता है और पुनराख्यान करता है। इससे नवीन ज्ञानात्मक व्यवस्था के साथ नवीन भाषिक व्यवस्था उपस्थित होती है। यही ज्ञानात्मक व्यवस्था मानवीय जीवन–यात्रा की, सर्जनात्मकता के विविध आयामों को आगे बढ़ाने के उपकरण के रूप में काम करती है तथा जीवन के नूतन वातायन खोलती है। पालीवाल का कथन है–''साहित्य का दायित्व होता है देशकाल में बदलते मनुष्य की ठीक–ठीक पहचान कराना, उसे परिभाषित करने का प्रयास करना।'' रचना अथवा आलोचना का काम युग की संवेदना से साक्षात्कार कराना है। वैचारिक पूर्वाग्रहों को मरोड़कर सत्य को शब्द में उतार देना। साथ ही, साहित्य में मौजूद मनुष्य के सर्जनात्मक रूप का सामाजिक पाठ तैयार करना है। इस सर्जनात्मक पाठ का आधार भाषा है। कलाकार अपनी शब्द–साधना से नवीन मूल्य/आदर्श हमारे सामने प्रस्तुत करता है। विष्णु प्रभाकर का कथन है कि, ''जिस देश के सामने कोई आदर्श नहीं होता, उसके विकास में व्यतिक्रम उत्पन्न होगा, जिस प्रकार नाव के लिए पतवार की ज़रूरत है उसी प्रकार प्रगतिगामी समाज के लिए आदर्श की अपेक्षा होती है।'' इसके लिए अपने अनुभूत यथार्थ को समकालीन जीवन यथार्थ से जोड़ना वर्तमानता की आवश्यकता है।

आधुनिक यान्त्रिक व्यवस्था में मनुष्य एक साधारण पुर्ज़ा–सा बन गया है। ऐसी स्थिति में मानवीय प्रकृति का अमानवीयकरण ज़रूर हो जाता है। संकट की ऐसी परिस्थिति में लेखकों का धर्म होता है कि व्यक्ति के संकल्प और व्यवहार की स्वतन्त्रता, मानसिक सन्तुलन और नए मूल्यों की चेतना का प्रसार करें। अपने साहित्य को युगीन सन्दर्भों से जोड़ने की इतनी ज़रूरत इससे पहले लेखक को कभी महसूस नहीं हुई थी। लेखक शब्द का साधक है, शब्द का अनुसन्धाता है। इसलिए आगे कुछ बातें भाषा के सम्बन्ध में की जा सकती हैं, क्योंकि इसी पर संस्कृति एवं साहित्य का भव्य भवन खड़ा है। भाषा वास्तव में मानव की भौतिक परिस्थितियों का ध्वन्यात्मक प्रतिनिधान

है या भाषा के माध्यम से बोधात्मक स्तर पर मानव इस संसार को समझता है। एक प्रकार से मानव के भौतिक जगत में हुए परिवर्तनों के उत्पाद के रूप में भाषा को समझा जा सकता है, क्योंकि भौतिक वस्तुओं का ध्वन्यात्मक प्रत्यांकन भाषा के कलेवर में है। इस दृष्टि से भाषा बाहरी जगत का प्रतीकात्मक स्वरूप धारण करती है। भाषा की प्रतीकात्मकता का विकास सामाजिक सम्बन्धों का परिणाम है जिसके माध्यम से मानव विचारों का विनिमय करता है। इस विनिमय के माध्यम से बौद्धिक ऊर्जा का हस्तान्तरण होता है। भाषा वैयक्तिक न होकर सामाजिक है, क्योंकि खास समाज के सदस्यों द्वारा प्रयुक्त भाषा के माध्यम से ही विचारों का विनमय सम्भव होता है। इसलिए समाज के परिवर्तनों के अनुरूप भाषा में परिवर्तन आता है। यही भाषा की जैविकता के सान्निध्य को प्रमाणित करता है। सामान्यतः ध्वनियों से शब्द तथा शब्दों से युक्तिसंगत वाक्य की रचना होती है। भाषा में प्रयुक्त शब्द विशिष्ट भौतिक स्थिति को प्रतिफलित करता है। भाषा के माध्यम से प्रकृति और मानव के बीच का सम्बन्ध विभिन्न रूपों में प्रकट होता है। यह एक प्रकार से मानव की मानसिक क्रिया–प्रतिक्रियात्मक व्यापार का अंजाम है। काण्ट के अनुसार, बाहरी भौतिक वस्तुओं की स्थिति से भाषा के विकास का कारण नहीं बना, बल्कि प्रकृति की विभिन्न वस्तुओं के बीच के तार्किक सम्बन्धों ने मन की रचना की होगी। भाषा की ज़रूरत तभी सम्भव हो जाती है कि एक व्यक्ति के पास अपने को छोड़कर एक 'इतर/अन्य' हो। अर्थात् भाषा की स्थिति अन्य पर निर्भर है। जब तक 'मानव' है तब तक 'भाषा' रहेगी। भाषा मानव की सामाजिकता का उत्पाद है। भाषा का अर्जन समाज में सहज रूप में होता है, इसलिए भाषा नैसर्गिक है। भाषा वास्तव में प्रकृति के प्रति मानव के मन की सर्जनात्मक ऊर्जा के विस्तार का रूप है। यह विस्तार प्रतिक्रियात्मक, चलनात्मक व बोधात्मक है।

मानव की मानसिक संरचना के निर्माण में भाषा का अपना स्थान होता है। भाषा के परिवर्तन के अनुरूप प्रकृति पर मानव के हस्तक्षेप के तरीके भी बदल जाते हैं, इस हस्तक्षेप का एक नैरन्तर्य होता है। इस नैरन्तर्य का आधार भाषा है। इसलिए जिन प्राणियों के पास श्रम की ताकत नहीं, उनमें स्वतन्त्र भाषा का प्रयोग नहीं चलता है। उनकी भाषा तो कुछ ध्वनियों तक सीमित है, जिनसे अमुक प्राणी की प्राकृतिक

ज़रूरतें पूरी हो जाती हैं। भाषा श्रम, श्रम से उत्पन्न सामाजिकता तथा उससे उत्पन्न सामाजिक जीवन पर अवलम्बित है। भाषा को मानव के शरीर में होने वाले बदलाव के परिणाम के रूप में स्वीकार किया जा सकता है। भाषा के माध्यम से मानव अपने जंगलीपन के दायरे से मुक्त होता है।

खेती एवं पारिवारिक व्यवस्था का विकास किसी एक अमुक स्थान में लोगों की जमावट का कारण बन गया। उस प्रदेश विशेष की विशेषताएँ भाषा में घुसने लगीं तथा भौगोलिक विशेषताएँ मानव की भाषा को रूपायित करने लगीं, इससे अन्य भाषाओं से अलग अस्तित्व उस प्रदेश विशेष की भाषा को प्राप्त होता है। इस दृष्टि से भाषा हमेशा वैचारिकता के साथ भौगोलिक विशेषताओं को भी प्रसारित करती है। काल के साथ विकसित अनुभव, स्मृति आदि का संक्रमण भाषा के माध्यम से होता है। इस ऐतिहासिक यात्रा के दौरान भाषा के नए रूप एवं नवीन ढाँचे उभरते हैं। एक प्रकार से अपनी भाषा से मानव अपने समेकित अनुभव सुरक्षित रख सकता है। उदाहरणार्थ, 'वृक्ष' शब्द से मानव का बोध उसके वृक्षत्व मात्र तक सीमित नहीं होता है। प्रस्तुत शब्द से वृक्ष से बनने वाली अनेकानेक वस्तुओं के साथ उसके आधार पर सृजित भावात्मक व विचारात्मक बोध का अनुभव होता है। मानव के लिए भाषा एक उपकरण है। उसकी सहायता से वह एक खास जन समाज की संचित अनुभूतियों को आत्मसात करता है तथा उसी के बल पर अपने वर्तमान की सीमाओं का उल्लंघन करता है। साहित्य भाषा का उदात्त रूप है। साहित्य जीवन के आधार को और उसकी गतिशीलता के नये प्रतिमान को हमारे सम्मुख रखता है। सन्देह नहीं है कि भाषा में ही मानव का जन्म होता है और भाषा द्वारा निर्मित जीवन ही मानव को हस्तगत होता है। इसलिए मलयालम के कवि मधुसूदनन नायर लिखते हैं कि, "शब्द की उँगली पकड़कर ही हम जीवन का सफ़र करते हैं।" भाषा प्रकृति का प्रत्यंकन है तो प्रकृति की विविधता ही शब्द की विविधता का कारण है। प्रकृति या पर्यावरण की विविधता का लुप्त हो जाना असल में भाषा की विविधता का लुप्त हो जाना है, मानव की ज्ञान–परम्परा का लुप्त हो जाना है।

साहित्य कालजयी एवं शक्ति–सम्पन्न तभी होता है जब वह समाज के वंचितों का पक्ष लेता है। आज के जीवन के खुरदरे यथार्थ को

साहित्य के परम्परागत मापदण्डों के आधार पर मूल्यांकित नहीं किया जा सकता। आज का समय जीवन के विकास के साथ ही बहुविध खुरदरे जीवन यथार्थ को हमारे सामने रखता है जिसको समझना सामान्य जनता के वश की बात नहीं है। मानव की संवेदनशीलता को जब रौंद दिया जाता है, उसकी मानवीयता को पैरों तले कुचल दिया जाता है तो स्वस्थ भविष्य के निर्माण के लिए नवीन वैचारिकता की आवश्यकता पड़ती है। जीवन के संकटग्रस्त समय में कल्पनाजन्य विचार आगे के प्रयाण को सुखद बनाता है। इस कार्य में साहित्य एक ऐसे मशाल का रूप धारण करता है जिससे वर्तमान जीवन के सामने उपस्थित अन्धेरा हट जाये। विचारात्मक, कल्पनात्मक, प्रतिरोधात्मक साहित्य मानव के आग़ामी सफ़र में सहायक उपादान है। वह इसलिए सम्भव होता है कि साहित्य मानव के भाव–जगत को सम्पुष्ट करता है, मानव की चेतना को रूपायित करता है तथा जीवन को दिशा एवं शक्ति प्रदान करता है। प्रतिभा सम्पन्न कलाकार के आगे जीवन के रहस्य आसानी से सुलझ जाते हैं। कवि के पास जो शब्द हैं जिसमें मानव के भूतकाल के स्मरण अवश्य समाये होते हैं। मानव समाज के उन पूर्वकालिक अनुभवों को उसी प्रकार श्रोता या पाठक के सामने पेश करना साहित्यकार का उद्देश्य नहीं रहता, वह अपनी सर्जनात्मकता के बल पर नवीन शब्दों का निर्माण करता है, इससे नवीन विचारों का सन्निवेश हो जाता है। ये विचार ही मानव के जीवन व्यापार को नियंत्रित करते हैं।

मानवीय जीवन के विभिन्न परिदृश्यों को समझना तथा उस अन्तर्भूत सामाजिक भाव को अपनी ज़िन्दगी की वास्तविकताओं के साथ जोड़ने में ही सर्जनात्मक ज़िन्दगी की सार्थकता परिलक्षित होती है। साहित्य मानव को चैन से रहने नहीं देता, बल्कि वह सोच–विचार करने के लिए प्रेरित करता है। मानव की संचित अनुभूतियों के साथ वर्तमानता के सम्मिलित होने में ही वाणी की साधना की उपयोगिता है। जिस कलाकार की वाणी में समय की आवश्यकताएँ कूट–कूटकर भरी होती हैं, ऐसी वाणी काल का अतिक्रमण करती है। कबीर के साहित्य का या प्रेमचन्द के साहित्य का अध्ययन समकाल में हम इसलिए करते हैं कि ज़िन्दगी के सफ़र को आगे बढ़ाने के लिए उनकी वैचारिकता की ज़रूरत होती है, इसे मानव की अनन्त जिजीविषा की उपज कहा

जा सकती है। साहित्य के लिए एक विशिष्ट सौन्दर्यशास्त्र का पूर्व निर्धारण नहीं किया जा सकता, क्योंकि साहित्य खास इतिहासबद्धता का दस्तावेज़ है। साहित्य की महत्ता उस रचना के भीतर अन्तर्भूत साहित्यिकता के आधार पर निश्चित नहीं की जा सकती, वरन रचना की मूल्यवत्ता या प्रासंगिकता तो स्थल–काल के अनुसार उसको व्याख्यायित करने की उसकी सम्भावना पर निहित है। इस सम्भावना से काल की सीमा को अधिक्रमित करने की शक्ति उस रचना विशेष को प्राप्त होती है। साहित्य का सार्थक वाचन या पुनःपाठ साहित्य की सीमा को विस्तृत करता है, साथ ही रचना के भीतर समाहित विचार समय की व्याख्या का संस्पर्श लेकर व्यापकत्व ग्रहण करता है। अर्थ की अनन्तता के साथ–साथ अर्थ की सम्भावनाओं की भी अनन्तता होती है। इस दृष्टि से शब्दों के अन्दर भरे हुए अर्थों की तलाशी साहित्य की जीवन्तता है, निरन्तरता है, जैविकता है। शब्दों के बहुविध अर्थ की परतों को उद्‌घाटित करना या उसका समयानुसार व्याख्यान मानव की सृजनशीलता को साक्ष्यांकित करता है। हर व्याख्यान असल में दूसरों के भावों या मनोभावनाओं को समझने का एक बोधात्मक व्यापार है। दूसरों के हृदयगत भावों को आपस में समझना मानव–मानव की अद्वैतता को पोषित करता है। एकत्व का दर्शन साहित्य का आधार बन जाता है, इसलिए साहित्य जगत में हम एक नीड़ के पंछी बन जाते हैं। भौतिक जगत् की सीमाओं को हम भावात्मक स्तर पर पूरा कर सकते हैं। इस एकत्व बोध को मानव के सामाजिक जीवन की आधारशिला कहा जा सकता है। भावात्मक बन्धन असल में भौतिक वस्तु की ताक़त से भी अधिक ताक़तवर है। यह बंधन विचारों के स्तर पर और दृढ़ता हासिल करता है। लेकिन आज के वैयक्तिकरण के बढ़ते प्रभाव के परिणामस्वरूप इस प्रकार की भावपरक एकता एक सपना मात्र रह जाती है, यही विवशता मानव का अभिशाप है।

इस कालबिन्दु पर नूतन रूप में कवि के शब्द हमारे सामने उदित होते हैं। उदाहरण के लिए, अनेकता का भंजन करते हुए मानव और मानवेतर प्राणियों के बीच एकता का बंधन स्थापित करना रामायण की वर्तमानता है। 'राम' शब्द का अर्थ 'रमण' करना होता है, इस 'रमण' या 'आनन्द' की अनुभूति 'मरा' या 'पेड़' से ही सम्भव होती है। 'मरा' से 'राम' तक की यात्रा ही रामायण का वर्तमान पर्यावरणीय पाठ है।

आधुनिकता एवं ज्ञान–विज्ञान के विकास के परिणामस्वरूप मानव ने अपने को छोड़कर एक 'इतर' का निर्माण किया। मानव के बोधात्मक धरातल पर प्रकृति–मानव की लयात्मकता का भाव आजकल नहीं रह गया है, मानव केन्द्रित वैचारिकता के स्थान पर आजकल पर्यावरणीय संकट की विस्फोटकता में 'प्रकृति' मानव के चिन्तन की धुरी के रूप में प्रतिष्ठापित हो गयी है। अर्थात प्रकृति और मानव के बीच की भिन्नता के स्थान पर अब दोनों की अभिन्नता की वक़ालत की जाने लगी है। अन्धाधुन्ध विकास के नाम पर प्रकृति का व्यापक स्तर पर दोहन किया जा रहा है, इससे जल–जंगल–मिट्टी–हवा आदि प्रदूषित होते जा रहे हैं। और मानव नामक प्रजाति की जैविक अस्मिता ख़तरे के कग़ार पर पहुँच गयी है। मानव यह भूल गया कि प्रकृति ही सारे के सारे जीव–जन्तुओं और अणुओं–परमाणुओं के रूप में परिवर्तित हो जाती है। इस पृथ्वी के प्रत्येक जैविक और अजैविक तत्व आपस में जुड़े हुए हैं, जिनके बीच के सम्बन्ध का विघटन इस पृथ्वी के पतन का कारण बन जाता है। प्रकृति या पर्यावरण का असन्तुलन जीवन का असन्तुलन है।

पर्यावरणीय विध्वंस का परिणाम मानव के लिए और घातक सिद्ध होता जा रहा है। मनुष्य प्रकृति में हस्तक्षेप करता है। पर्यावरण विमर्श के आलोक में पर्यावरण और साहित्य के सह–सम्बन्ध पर अध्ययन करते समय पर्यावरण में होने वाले परिवर्तनों तक उस अध्ययन को सीमित रखना विषय को लघु बनाने के बराबर है। साहित्य का सम्बन्ध मानव के सांस्कृतिक धरातल से है, इसलिए सांस्कृतिक पर्यावरण को इस चर्चा से बाहर करना युक्तिसंगत नहीं कहा जा सकता। अतः यहाँ पर्यावरण समस्याओं से तात्पर्य केवल पर्यावरण में होने वाले फेर–बदल मात्र से नहीं है। इसलिए विषय के वैज्ञानिक विवेचन के सन्दर्भ में प्रकृति के साथ हुए द्वन्द्वात्मक सम्बन्ध के आधार पर विकसित हुई संस्कृति एवं सभ्यता में पर्यावरण विनाश और पूँजीवादी संस्कृति से होने वाले परिवर्तनों पर भी विचार करना होगा जिससे विषय को व्यापकता एवं अर्थवत्ता प्राप्त होगी। अतः आज के मनुष्य का संघर्ष अपनी पृथ्वी को, अपनी संस्कृति को, अपनी जैविक अस्मिता को तथा आग़ामी पीढ़ी की ज़िन्दगी को कल्याणमय बनाने का संघर्ष है। आज का संवेदनशील मन प्रकृति के समस्त चर–अचर के साथ भावात्मक स्तर पर अभिन्नत्व

की कल्पना करता है तथा हर वस्तु के भीतर समाये हुए चैतन्य को अंगीकार करता है। साहित्य, पूँजी के विस्तार के परिणामस्वरूप विकसित औद्योगिकीकरण, उदारीकरण, उपभोक्तावाद, बाज़ारीकरण, भूमण्डलीकरण, पर्यावरण विध्वंस, वैयक्तिकरण, पृथक्करण, प्रदूषण आदि का साहस के साथ प्रतिरोध करता है। सत्ता एवं धन की शक्तियों के अमानवीय पक्ष को समकालीन साहित्य खोलकर सामने रखता है। यह प्रतिरोध निर्माणात्मक सामाजिक कार्यकलाप है व सामाजिक परिवर्तन की आधारशिला है। यह प्रतिरोधात्मक संघर्ष नवीन विकल्पों को हमारे सामने पेश करता है तथा इसका अनुसन्धानात्मक अध्ययन करता है।

समकालीन साहित्य ने जीवन की नयी प्रवृत्तियों को उभारा, साथ ही अर्थहीन, उपेक्षितों का पक्ष लिया। हाँ, समकालीन साहित्य वर्तमान मानव की बेचैनी, चिन्ता, सामाजिक संलग्नता को भी दर्शाता है, बाह्य जगत के ठोस यथार्थ का अनुभव कराता है। आज आँसू मलिन होते जा रहे हैं। यहाँ तक कि माँ के स्तन्य में रासायनिक पदार्थों की भरमार है। साँस लेने वाली हवा में प्राणलेवा गर्मी घुस गयी है, पीने के पानी में भी जीवन को नष्ट–भ्रष्ट करने वाले कीटाणुओं का मिलन है। आज का कवि प्रकृति के इस बदलाव से अपरिचित नहीं है। समकालीन साहित्यकार कालखण्ड की आत्मानुभूत सच्चाई को चारों ओर उभरने वाली ज्वलन्त समस्याओं को पाठकों के सम्मुख उतार देता है। अतएव, आज के साहित्य में जैव–अस्तित्व, जैव–अवस्थिति, जैव–सम्बन्ध, जैव–अस्मिता वग़ैरह की अभिव्यक्ति दृष्टिगोचर होती है। आज की संवेदनशीलता यह पहचानती है कि हमें तितलियों की तरह उड़ना है। इस कठिन समय में मानव अपने जीवन रूपी तोते को बचाना चाहता है। आज का लेखक जीवन, और तारे, और पहाड़, और मछली, और पेड़, और धरती की इस तड़पन को आत्मसात करता है और अनुभव करता है कि प्रकृति का सन्तुलन बिगड़ता जा रहा है। ऐसे साहित्यकार की संवेदनात्मक प्रतिक्रिया जीवन के किस–किस आयाम को स्पर्श करती है, जानने का प्रयास इस पुस्तक के माध्यम से किया गया है। इस पुस्तक को मैं सुधी पाठकों के सम्मुख सादर समर्पित करता हूँ।

**–डॉ. प्रभाकरन हेब्बार इल्लत**

# अनुक्रम

# पर्यावरण का वर्तमान

*Globalization is a calculated imperialist design of hegemonization in economic, political, ecological and cultural terrains threatening loss of economic self reliance and political sovereignty, erosion of democratic structures and damaging of plural cultural identities—[Not only this employment of protectionalist policies, discriminatory trade conditions]—direct intervention in the domestic affairs of LDCs regarding their intellectual property right amount to virtual trade war and destabilization of the fragile economies and stife & ridden policies of the latter—Globalism would remain an idle fancy in the absence of genuine internationalism that is egalitarian interaction between nations.*

**–Govind Prasad**

पर्यावरण शब्द आज का बहुचर्चित शब्द है। रवींद्र सिंह की राय में, ''पर्यावरण शब्द परि + आवरण से बना है। 'पर्यावरण' शब्द का शब्दकोशीय अर्थ होता है—आस–पास या पास–पड़ोस। मानव, जन्तुओं या पेड़–पौधों की वृद्धि एवं विकास को प्रभावित करने वाली बाह्य दशाएँ, कार्य–प्रणाली तथा जीवनयापन की दशाएँ आदि इस परिकल्पना के अन्तर्गत समाविष्ट हैं।'' वी.एल. तेली के अनुसार, ''पर्यावरण शब्द प्रकृति से समानता रखने वाला शब्द है जिसके अन्तर्गत ग्रहीय पृथ्वी के भौतिक घटकों यथा—स्थल, वायु, जल, मृदा आदि को सम्मिलित किया जाता है जो जीवमण्डल के विविध रूपों को आधार प्रदान करते हैं।'' आधुनिक वैज्ञानिक धारणा के अनुसार, पर्यावरण शब्द के अन्तर्गत प्रकृति के समस्त जैविक एवं अजैविक वस्तुएँ शामिल हैं या जीव–जन्तुओं के साकल्य को पर्यावरण की संज्ञा दी जा सकती है। पर्यावरण की आपसी क्रिया–प्रतिक्रियाओं से इस जगत में जीवन का

क्रम आगे बढ़ जाता है। जब इस क्रम में स्वरभंग होता है, तब प्रकृति में समस्याएँ खड़ी होती हैं। व्यापक अवधारणा के अन्तर्गत पर्यावरण शब्द की अर्थसीमा में भौतिक, सामाजिक व सांस्कृतिक अवस्थाएँ भी शामिल हैं।

अंग्रेज़ी भाषा में 'एन्वाइरॅनमेण्ट' शब्द की व्युत्पत्ति 'एन्वाइरॅन' तथा 'मेण्ट' इन दोनों शब्दों के मेल से हुई है जिसका अर्थ भी अंग्रेज़ी भाषा में 'आस–पास या समीप' का होता है। पर्यावरण शब्द एक ऐसी संज्ञा है जिसके अन्तर्गत प्रकृति के कण–कण के बीच के पेंचीदा सम्बन्ध गर्भित हैं। 'परिस्थिति' शब्द जीव–जन्तुओं का पर्यावरण के साथ सम्बन्ध को सूचित करने वाला शब्द है। इसके अन्तर्गत प्रकृति के प्रांगण में मानव के द्वारा बनाये गये अनगिनत ढाँचे भी आते हैं। पारिस्थितिकी तन्त्र एक ऐसा तकनीकी शब्द है जो किसी प्राणी के जीने लायक परिस्थिति एवं उसके आस–पास के अन्य प्राणिजात के विविध प्रकार के जैविक–अजैविक सम्बन्ध को सूचित करता है। पारिस्थितिकी विज्ञान परिस्थिति का वैज्ञानिक अध्ययन है। पारिस्थितिकी विज्ञान तो विभिन्न जीवराशियों का प्रकृति के साथ सम्बन्ध का वैज्ञानिक अध्ययन है। प्रजाति एक खास वर्ग के प्राणी–समूह को सूचित करने वाला अभिधान है, जो आपस में मिलकर बच्चों को जन्म देते हैं और अपने अनुवंश को आगे बढ़ाते हैं। प्रकृति भी व्यापक अर्थ–सीमा रखने वाला एक शब्द है। जिसमें **डॉ. राजशेखरन** की राय में, "प्रपंच के समस्त जैविक व अजैविक वस्तु के आपसी एवं विरोधी सम्बन्ध, इन सम्बन्धों से उत्पन्न क्रिया–प्रतिक्रियाएँ समाविष्ट हैं।" इसके साथ ही साथ जीवराशि के जीने योग्य हवा, जल, थल की गुणवत्ता भी 'प्रकृति' के अन्तर्गत आते हैं। इसका वर्तमान आज के मानव के चिन्तन की धुरी में स्थित है।

वर्तमान काल में पर्यावरण एक बहुचर्चित शब्द है, क्योंकि आज के मानव के आगे हिमालय का रूप धारण कर पर्यावरणीय संकट उभर रहे हैं जो मानव मात्र की नहीं, वरन अन्य प्राणिजातों की जैविक अवस्थिति पर प्रश्नचिह्न लगा रहे हैं। इतिहास यह स्वीकार करता है कि आधुनिक काल मानव के इतिहास का ऐसा कालखण्ड है जहाँ ज्ञान–विज्ञान की अभूतपूर्व उन्नति हुई तथा तकनीकी का अतिशय विकास हुआ। आबादी की वृद्धि के परिणामस्वरूप जीविका की बुनियादी ज़रूरतों की पूर्ति हेतु मशीनों की सहायता से, विज्ञान की विभूतियों की सहायता से प्रकृति

का अतिशय शोषण प्रारम्भ हुआ, पहले वह सीमित मात्रा में था, लेकिन आजकल पूँजीवादी व्यवस्था के विकास के परिणामस्वरूप उपयोग के स्थान पर उपभोग तथा मन्त्र संस्कृति के स्थान पर यन्त्र की संस्कृति विकसित हुई। मण्डी पर आधारित वर्तमान आर्थिक व्यवस्था निजीकरण, उदारीकरण, भूमण्डलीकरण की वजह से मज़बूत होती जा रही है। पूँजी की प्रक्रिया के विकास से मानव केन्द्रित मनुष्य की सांस्कृतिक चेतना लुप्त होने लगी है। उदारीकरण प्रकृति का शोषण कर मुनाफ़ा जुटाता है और बड़े–बड़े उद्योगपति अपनी उन्नति हासिल करते हैं।

भूमण्डलीकरण का प्रभाव भी बढ़ता जा रहा है। समस्त संसाधनों को इने–गिने लोगों की मुट्ठी में भरने की मेहनत हो रही है। इस व्यवस्था के विकास से दुनिया के किसी राष्ट्र में होने वाली सामान्य तब्दीली भी जगत के किसी दूसरे कोने में स्थित लोगों पर असरदार सिद्ध होती है। मानव के समस्त विवेक को नष्ट कर वस्तु आधिपत्य की प्रभुता बढ़ती जा रही है। मशीनी संस्कृति के विकास से मानव जीवन में सुखवाद का चरम विकास हो रहा है, क्योंकि मशीन तो मानव की शारीरिक क्षमता को बचाती है।

आधुनिक काल में 5–15 जून, 1972 में स्वीडन के स्टॉकहोम में पर्यावरण शिखर सम्मेलन सम्पन्न हुआ था। इसमें पर्यावरण पर आघात पहुँचाने वाले विविध कारणों को लेकर चर्चा–परिचर्चा हुई और इस आधार पर अनेक कानून विश्व के अनेक राष्ट्रों में बनाये गये। यह शिखर सम्मेलन तो 30 जुलाई, 1968 को संयुक्त राष्ट्र संघ द्वारा जारी किये गये प्रस्ताव पर बुलाया गया था और उसमें कहा भी गया था कि पर्यावरणीय समस्याओं की चर्चा के लिए अन्तर्राष्ट्रीय स्तर पर एक बैठक शीघ्र बुलायी जाये। इसके पश्चात ब्राजील के रियो द जेनेरो में 1992 में 'भौम शिखर सम्मेलन' सम्पन्न हुआ जिसमें भारत के पूर्व प्रधानमन्त्री श्री नरसिम्हाराव ने भारत का प्रतिनिधित्व किया था। कहने का तात्पर्य यह है कि करीब 1970 के आस–पास से ही पारिस्थितिकी विध्वंस को लेकर मानव के मन में चिन्ता की रेखाएँ उठ खड़ी हुई थीं। इस अवबोध के विकास के परिणामस्वरूप भारतीय कानूनी व्यवस्था में भी अनेक नियम, अधिनियम बनाये गये जिससे कानूनी तौर पर पर्यावरण ध्वंस को रोका जा सके। भारतीय संविधान के अनुच्छेद 48–ए के अनुसार, पर्यावरण संरक्षण सरकार का कर्तव्य है। इसी भाँति अनुच्छेद

53, 54 के तहत स्वस्थ रूप से जीने की सुरक्षा का कानूनी प्रबन्ध किया गया है। 1860 के अपराधी कानून के अनुसार तालाब आदि पानी के स्रोतों को दूषित करना अपराध माना जायेगा। भारतीय संविधान के अन्तर्गत भारतीय संसद की ओर से जल अधिनियम (1974), वन संरक्षण अधिनियम (1972), पर्यावरण सुरक्षा अधिनियम (1986), वन संरक्षण अधिनियम (1980), पर्यावरण समाशोधन अधिनियम (2006), राष्ट्रीय पर्यावरण ट्रिब्यूनल अधिनियम (1995), वन नियम (2003), जैव–वैविध्य अधिनियम (2000) आदि पारित हुए। इससे व्यक्त होता है कि एक विशेष प्रकार की जागृति का विकास 1970 के बाद स्पष्टतः देखा जा सकता है और यह जागृति जीवन के विविध क्षेत्रों में पर्यावरण अवबोध के विकास का कारण बन गयी।

प्रकृति के विभिन्न जीव–जन्तुओं के साथ प्रकृति का सम्बन्ध अत्यधिक सूक्ष्म है। नेत्रजन के उत्पादन के लिए बैक्टीरिया जैसे अणुजीवियों की सेवा चाहिए। चावल के उगने के लिए नेत्रजन एक अत्यन्त उपयोगी वस्तु है। नेत्रजन के अभाव में चावल की पैदाइश नहीं होती, चावल नहीं है तो मानव अपनी भूख कैसे दूर करेगा। इसका अन्जाम है— गरीबी, बीमारी व मृत्यु। मानव लाभ के लोभ में प्राकृतिक संसाधनों को निकालकर कारखाने आदि खड़ा करता है जिसके परिणामस्वरूप अन्तरिक्ष में कार्बन की मात्रा बढ़ती जा रही है। कार्बन की वजह से धरती में गर्मी बढ़ती जा रही है। पहले तो, अर्थात 1969–71 के दौरान भौगोलिक औसत तापमान 13.99°C था जबकि 1998–2000 के दौरान इसका औसत तापमान 14.43°C हो गया। गर्मी के अधिक होने से ध्रुव प्रदेशों की बर्फ़ पिघलने लगी है तदनुसार समुद्र का जलस्तर बढ़ने लगा है, इससे समुद्र तटीय इलाके में पानी चढ़ जाता है, शुद्ध जल नमकीन हो जाता है, साथ ही पर्यावरण पलायन शुरू होता है, पर्यावरण शरणार्थियों की संख्या बढ़ती है। वैज्ञानिकों की राय में गर्मी का प्रतिशत पिछली शताब्दी की तुलना में बढ़ता जा रहा है। यह हमारे लिए ख़ुशख़बरी नहीं है।

शहरीकरण, आबादी, औद्योगिकीकरण आदि की वजह से हवा, मिट्टी, जल सब प्रदूषित हो रहे हैं। प्रदूषण से प्राणियों की जैव व्यवस्था बिगड़ जाती है। अनुसन्धान द्वारा यह प्रमाणित हो गया है कि 1990 के बाद बच्चों में कैंसर की दर बहुत बढ़ गयी है। आजकल

के बच्चों के शरीर में 300 से ज़्यादा रासायनिक पदार्थ घुस गये हैं। एन्डोसल्फान जैसे रासायनिक पदार्थ जनितकीय रचना में परिवर्तन करने में भी सक्षम हैं। वन नष्टीकरण ही उत्तर भारत के बाढ़, सूखा, भूस्खलन आदि का कारण है। हम अपनी प्रजाति के विरुद्ध अपराध कर रहे हैं। इससे हमें अपने को, अपनी प्रकृति को बचाना है। प्रकृति की तन्दुरुस्ती मानव की भलाई तथा जीविका के लिए अनिवार्य है। प्रकृति का जैव–वैविध्य नष्ट होता जा रहा है जो अमूल्य सम्पत्ति है। इस अमूल्य सम्पत्ति के अन्तर्गत काई, फुँगी, परमाणु आदि तक आते हैं जो हमारे जीवन की बुनियाद हैं। यदि हम उसको बचाते हैं तो मात्र वर्तमान की नहीं, भविष्य की आवश्यकताओं की पूर्ति कर पायेंगे। पर्यावरण विध्वंस का प्रत्यक्ष प्रभाव समाज के निम्न स्तर के लोगों पर पड़ता है। यह भी स्मर्तव्य है कि मानव की सभ्यता एवं संस्कृति के भव्य भवन का आधार यही जैव–वैविध्य है। यदि एक बार ये अमूल्य संसाधन नष्ट हो जायेंगे तो उसे पुनः प्राप्त करना असम्भव हो जायेगा।

प्रकृति रत्नगर्भा है। प्रकृति के विभिन्न संसाधनों का उपयोग कर समस्त जीवराशि अपना जीवन आगे बढ़ाती है। इस जगत की परमाणु से लेकर सब वस्तुएँ आपस में सुसम्बन्धित हैं। एक श्रृंखला की कड़ियों की भाँति सब इस चक्रिक गति से आबद्ध हैं। प्रकृति के ये मज़बूत सम्बन्ध मानव के विभिन्न कार्यकलापों के ज़रिये बिगड़ जाते हैं, इसका कारण भौतिक सुख–सुविधाओं को जुटाने की लोभवृत्ति है। इस अन्धी दौड़ में मानव परिस्थिति की विभिन्न इकाइयों को जख़्मी कर देता है। निर्वनीकरण, खनन या उत्खनन, प्रदूषण आदि के माध्यम से मानव प्रकृति के जैविक एवं अजैविक पदार्थों को हानि पहुँचाता रहता है। औद्योगिकीकरण के बढ़ने से, प्राकृतिक संसाधनों के वैविध्य का सत्यानाश हो रहा है। पेट्रोल, डीज़ल इत्यादि के जलन से कार्बन की मात्रा अन्तरिक्ष में बढ़ रही है। बाँध की वजह से विस्तृत भू–भाग की मृदा, जैव–वैविध्य सदा–सदा के लिए दूर हो जाते हैं तथा इसका प्रभाव भूमि के ऊपरी तल पर भी पड़ता है। समुद्र के प्रदूषण से समुद्र की सारी सम्पत्ति मिट जायेगी। इससे मानव के सामने महासंकट अवश्य उपस्थित हो जायेगा, क्योंकि समुद्र एक बड़ा पारिस्थितिकी तन्त्र है। समुद्र के संसाधन के नष्ट होने से गरीबी यहाँ नाच उठेगी। राचल कर्सन की राय में, प्रदूषण प्रकृति पर मानव के अधिक्रमण का घातक

प्रभाव है। यदि हम प्राकृतिक संसाधन को बचाने का यत्न नहीं करेंगे तो इस भूतल पर, इस स्वर्ग में किसी का नामोनिशान नहीं रहेगा। हम प्रकृति के विरुद्ध युद्ध की घोषणा करते हैं। प्राकृतिक संसाधनों की कमी के इस युग में हम उसकी प्राप्ति के लिए आपस में लड़ने में लगे हुए हैं।

आबादी की वृद्धि वर्तमान प्राकृतिक संसाधनों के विनाश का कारण है। कहा जाता है कि अस्सी वर्षों में वर्तमान आबादी दुगुनी हो जायेगी। इस दुगुनी आबादी की बुनियादी आवश्यकताओं की पूर्ति कैसे की जायेगी? यह मानव के लिए चिन्ता का विषय है। हम तो विकास का नारा लगाकर सभी प्राकृतिक संसाधनों को नष्ट-भ्रष्ट कर रहे हैं। यहाँ तक कि पेड़ों की गरिमा-महिमा तक को हम पहचानते नहीं। एक पेड़ मानव को प्राणवायु प्रदान करता है, भूक्षरण रोकता है, अन्तरिक्ष की नमी बनाये रखता है, प्रदूषण रोकता है, जीव-जन्तुओं को बसेरा तथा खाद्य पदार्थ प्रदान करता है। प्रीतिपाल सिंह का कथन है कि यदि एक पेड़ पच्चास वर्ष तक रहेगा तो उसकी सेवा का मूल्य आज की दर से रु. 15,70,000 है। यह सच है कि मानव अपने जीवन में प्रतिकूल परिस्थितियों का सामना करने के लिए भी प्रकृति का ही इस्तेमाल करता है। पानी के स्थान पर वह किसी दूसरी वस्तु का इस्तेमाल नहीं कर पायेगा। वह तो जीवन का आधार है, हवा जीवन का राग है, मिट्टी उसका ताल है। अतः इन सबकी सुरक्षा के लिए पर्यावरण को स्वस्थ एवं सुन्दर बनाने के लिए हमें कमर कसकर कार्यक्षेत्र में उतरना चाहिए। केवल पर्यावरण दिवस (जून 5), जल दिवस (मार्च 22), वन दिवस (मार्च 21), पर्वत दिवस (दिसम्बर 31), ओजोन दिवस (दिसम्बर 16) आदि मनाने से प्राकृतिक संसाधन का बचाव नहीं होगा। उसके लिए ज़रूरी है कि हमारे मन में नवीन पर्यावरण अवबोध की सुगन्ध फैल जाये।

उपभोग संस्कृति तो औद्योगिकीकृत-पूँजीकृत समाज व्यवस्था का लक्षण है। मण्डीकृत अर्थव्यवस्था मानव के मन में उपभोग की अतीव तृष्णा जगाती रहती है, ताकि वस्तुओं तथा उत्पादों की बिक्री सुगम हो जाये तथा तद् द्वारा पूँजी निवेशकों को लाभ की प्राप्ति भी हो जाये। एक प्रकार से उपभोग तो बहुतायत मानव जीवन को कष्ट-साध्य बनाता है और वह प्रकृति के संसाधनों को नष्ट कर देता है। बाज़ारी व्यवस्था

में जिसके पास ख़रीद की ताक़त नहीं है वह पीछे खिसक जाता है। भूमण्डलीकृत वर्तमान में सबका नज़ारा मण्डी पर केन्द्रित है, उत्पादन पर केन्द्रित है तथा धन ही उसका आधार है। इसका सम्बन्ध प्रत्यक्ष रूप से आडम्बरपूर्ण जीवन पद्धति से है। बाज़ारी उत्पादों का भी आधार प्रकृति में उपलब्ध बहुविध संसाधन हैं। उद्योग की वृद्धि के लिए पानी चाहिए, स्थल चाहिए और विविध प्रकार के जैविक–अजैविक साधन चाहिए। उपभोग की तरक्की के साथ जल, थल, हवा का प्रदूषण भी स्वाभाविक रूप से हो जाता है। औद्योगिकीकृत समाज में मानव के विविध क्रिया–कलाप प्रदूषण से अभिन्न रूप से जुड़े हुए हैं। उपभोग की वस्तुएँ भी प्रदूषण का कारण हो जाती हैं। यह सर्वस्वीकृत है कि उपभोग के विकास के लिए उत्पादन की ज़रूरत है तथा मण्डी की भी। इसके लिए खेती और अन्य फसलों को बड़े पैमाने पर उत्पादित करने के लिए कृत्रिम रासायनिक पदार्थों का इस्तेमाल किया जाता है। इससे पर्यावरण का प्रदूषण अवश्य हो जाता है। मानव को अवश्य ही उपभोग को त्याग कर उपयोग के सच्चे रास्ते पर उतरना चाहिए। हम सरल जीवन और उच्च विचार अपनाकर पर्यावरण और परिस्थिति को बचाने का दृढ़ संकल्प लें। जैव–वैविध्य को बचाएँ ताकि वर्तमान और आगामी पीढ़ी के चेहरे पर ख़ुशी की लहरें तरंगायित हो जायें।

यह इतिहास सम्मत बात है कि चौदहवीं शताब्दी में पूँजीवाद का विकास हुआ। 1492 में कोलम्बस अटलांटिक महासागर को पार कर अमेरिका गया तो उपनिवेश का भी दौर प्रारम्भ हुआ। इससे यूरोप के अनेक राष्ट्रों ने विश्व के विविध देशों को अपना उपनिवेश बनाना शुरू किया, साथ ही वहाँ की सारी सम्पत्ति लूटने की भी योजना बनाई। फरदानक ब्रादल ने ठीक ही कहा है कि विश्व भर की सम्पत्ति के हस्तगत होने से यूरोप निवासियों को पूँजी निवेश करने की ताक़त प्राप्त हुई। इससे औद्योगिक क्रान्ति भी हुई, तद् द्वारा उत्पादन में वृद्धि हुई। ढेर लगे उत्पाद को बेचने की मण्डी की तलाश भी इससे शुरू हुई। विश्व भर में इंग्लैण्ड एवं यूरोप का उपनिवेशीकरण मज़बूत होता गया। इस काल में हुई ज्ञान–विज्ञान की प्रगति ने शोषण के तन्त्र को और कारगर सिद्ध किया। प्रकृति के संसाधन को इन पूँजी निवेशकों ने अपनी आर्थिक एवं भौतिक उन्नति के हित में इस्तेमाल करने का कार्यक्रम भी तैयार किया। बड़ी–बड़ी मशीनें तैयार हो गयीं तथा

अनेकानेक कारखाने खड़े किये गये। इसका सख़्त प्रभाव पर्यावरण पर भी पड़ा। ऐसा लगता है कि प्राकृतिक संसाधनों के शोषण की भीषणता की वजह से मानव ख़ुद अपनी प्रजाति को इस धरती से हटा देगा।

औद्योगिकीकरण का मतलब यन्त्र के माध्यम से उत्पादन है। उत्पादन तो मण्डी का अनिवार्य अंग है। उत्पादन की वृद्धि से तात्पर्य यन्त्र–संस्कृति के विकास से है जो मूलतः प्राकृतिक दोहन पर ज़ोर देता है। यह तन्त्र मुनाफ़े पर आधारित है। यन्त्र–औद्योगिकीकरण–पूँजी निवेश की गति, ज्ञान–विज्ञान तथा तकनीकी के विकास से और मज़बूत हो गया है। इसका घातक प्रभाव पर्यावरण की तन्दुरुस्ती को उजाड़ रहा है। यदि औद्योगिकीकरण सम्भव नहीं हुआ होता तो शायद प्रकृति के संसाधनों का शोषण कर अधिक उत्पादन करने का अवसर पूँजीपतियों को प्राप्त नहीं होता। प्रकृति पर आधिपत्य स्थापित करने का मौक़ा मानव को प्राप्त नहीं होता। औद्योगिकीकरण के अतिशय विकास के कारण क्या हैं? असमानता का भीषण तांडव, सम्पत्ति का केन्द्रीकरण तथा प्राकृतिक सम्पत्ति का घोर विध्वंस। मानव को यन्त्र–संस्कृति से उपलब्ध भौतिक विकास पर अंकुश लगाना चाहिए।

पूँजीवाद, औद्योगिकीकरण और यन्त्र–संस्कृति आपस में सम्बन्धित हैं। पूँजीवाद असल में व्यक्ति–केन्द्रित दर्शन है जो उत्पादन पर आधारित है तथा अर्थ–केन्द्रित है। पूँजीवाद मण्डी की शक्तियों की सहायता से मानव के पास नवीन आवश्यकताओं का सृजन करता है, रुचियों में परिवर्तन करता है, सांस्कृतिक हस्तक्षेप करता है। अपनी साज़िशों के बल पर लाभ का हिमालय खड़ा करता है। वह सम्पूर्ण जगत को मण्डी के रूप में तब्दील करता है। वह एक प्रकार से माल की स्वतन्त्र बिक्री सुनिश्चित करता है तथा सीमाहीन व्यवस्था की वकालत भी करता है। इससे विश्व भर के साथ व्यापक सम्बन्धों की शृंखला स्थापित होती है। भूमण्डीकरण का जन्म पूँजीवाद की कोख़ में हुआ है। दूसरे विश्व युद्ध के बाद भूमण्डलीकरण की तीव्रता बढ़ती गयी। मानव जीवन के विविध आयामों पर प्रभाव डालकर विश्व बाज़ार के प्रभाव से सांस्कृतिक परिवर्तन ने तेज़ रफ़्तार पकड़ ली है। हमारे मूल्य, दर्शन, आदर्श सब अदल–बदल रहे हैं। इसका प्रभाव मानव जीवन के मात्र सामाजिक पक्षों तक सीमित नहीं, बल्कि पारिस्थितिकी पर भी पड़ा है। लाभ–केन्द्रित दृष्टिकोण अपनाकर, प्रकृति के सीमातीत

संसाधनों का शोषण कर उत्पादन में वृद्धि करके पूँजी निवेशक अपना स्वार्थ निभाते हैं। उनका धर्म धन है, उनका लक्ष्य लाभ है, लेकिन इन सबका आधार प्रकृति है, इसका परिणाम पर्यावरण का नाश है।

औद्योगिक क्रान्ति से विलायत में पूँजी बढ़ती गयी और भूमण्डलीकरण की प्रक्रिया तथा पूँजीवाद इसी पूँजी का विस्तार मात्र है। साम्राज्यवाद औद्योगीकृत पूँजी का दूसरा चेहरा मात्र है। पूँजीवाद का वर्तमान लक्ष्य यह है कि वह सबको अपनी मुट्ठी में बाँधने की कोशिश में लगा हुआ है। इससे विषमता का विष फैल जाता है। सम्पत्ति का स्वतन्त्र विनिमय सम्भव होता है। पूँजीवाद के विकास के साथ–साथ प्रकृति का सन्तुलन बिगड़ने लगा है। धरती पर जीवन की शोभा लुप्त होने लगी है। पर्यावरण के नाश का मूलभूत कारण औद्योगीकृत वेस्ट है। आँकड़े यह बताते हैं कि पारिस्थितिकी प्रदूषण भूतापन के ज़िम्मेदार, विश्व के औद्योगीकृत राष्ट्र हैं। अब हमें अन्य विकल्पों की तलाश की आवश्यकता है जिससे हम वर्तमान और भविष्य को पारिस्थितिकी दुर्घटनाओं से बचा सकें।

कहा गया है कि प्रदूषण की दर दिन–ब–दिन बढ़ती जा रही है। पानी, हवा, मृदा आदि पल–पल प्रदूषित होते जा रहे हैं। अक्टूबर 2004 में सम्पन्न कैरो अन्तर्राष्ट्रीय विकास सभा में यह बताया गया है कि शुद्ध जल के अभाव से रोगग्रस्त होकर हर साल विश्व भर में 20 लाख बच्चे मर जाते हैं। इसमें कोई सन्देह नहीं है कि अट्ठासी प्रतिशत बीमारियों का मूल कारण शुद्ध जल का अभाव है। पानी को प्रदूषित करने का श्रेय मनुष्य को ही जाता है। औद्योगिक, घरेलू एवं अन्य आवश्यकताओं के लिए पेड़ काटे जाते हैं। जंगल का प्रतिशत कम होता जा रहा है। प्रकृति के अन्य जानवर प्रकृति को कलुषित नहीं करते। मानव अपने हस्तक्षेप से प्रकृति की सुन्दरता को नष्ट–भ्रष्ट कर रहा है। नदी का पानी दूषित हो जाने पर समुद्र की समस्त जैव–सम्पन्नता नष्ट होती जा रही है। मानव के हस्तक्षेप से कहा जाता है कि अमेरिका की कोलारेडो नदी, भारत की गंगा नदी आदि नदियाँ गर्मियों में समुद्र तक नहीं पहुँच पाती हैं।

खेती भी एक प्रकार से प्रकृति–विरोधी है, पर्यावरण विरोधी है। सुमेरियन संस्कृति का नाश खेती की वजह से हुआ है। वहाँ के लोग खेती करने के लिए बाँध बाँधकर पानी बटोरते थे। इससे धरती के

पानी का स्तर बढ़ गया है। इससे अगाध जड़ वाली फसलें ख़त्म हो गयीं। पानी के स्तर के बढ़ने से वाष्पीकरण के कारण पानी के लवण पदार्थ मिट्टी में जम गये और इसके परिणामस्वरूप धीरे–धीरे मिट्टी बंजर होती गयी, संस्कृति के चिह्न हौले–हौले मिटते गये। मानव संस्कृति के पतन में प्रकृति विरोधी खेती का योगदान भूला नहीं जा सकता। पैसिफ़िक समुद्र के ईस्टर द्वीप के निवासी नाव बनाने के लिए बड़े–बड़े पेड़ काटते रहते थे। इससे सम्पूर्ण जंगल का नाश हो गया। इसके परिणामस्वरूप जीवन का नामोनिशान भी वहाँ से हट गया। दो जून की रोटी के लिए लोग कहाँ से कहाँ भाग गये। प्रकृति का प्रदूषण समस्त पेड़–पौधों को, प्रकृति को, जलवायु को आघात पहुँचाता है। स्पेडिंग जैसे विद्वान वायु प्रदूषण के कारणों के रूप में मानव के क्रिया–कलापों को ही स्वीकार करते हैं। मणिवासकन जैसे विद्वान भी इसका समर्थन करते हैं। वे सिद्ध करते हैं कि जल प्रदूषण से जल की नैसर्गिक प्रकृति प्रतिकूल हो जाती है और इससे जीवन की अवस्थिति में दिक्कतें खड़ी होती हैं। विविध प्रकार के पर्यावरण प्रदूषण से आहत होकर आजकल मानव स्थायी विकास की चर्चा कर रहा है। पारिस्थितिकी तन्त्र एवं पर्यावरण का संरक्षण ही इस सोच का आधार है। पृथ्वी पर मानव एवं अन्य प्राणियों के आराम से जीने के लिए स्वस्थ पारिस्थितिकी का निर्माण अत्यन्त अपेक्षित है। भूतापन में ग्रीन हाउस इफेक्ट की भूमिका वैज्ञानिक लोग स्वीकार करते भी हैं। वन नाशीकरण एवं कार्बनीकरण की इस दुनिया में गर्मी की वृद्धि एकदम स्वाभाविक है। नासा के वैज्ञानिक भी इस तथ्य को क़बूल करने में हिचकते नहीं कि प्रकृति का स्वाभाविक सन्तुलन तहस–नहस हो चुका है।

आज मानव का अतिक्रमण प्रकृति पर अवश्य हो रहा है। एम.टी. मुरली जैसे विद्वानों की राय में मानव के हस्तक्षेप से प्रकृति में जो हादसे हो जाते हैं उन्हीं को प्राकृतिक दुर्घटनाएँ कह सकते हैं। मानव अपनी लोभ–लिप्सा से प्रेरित होकर मशीनों के बल पर जब प्रकृति का नाश करता रहता है तब जीवन रूपी पंछी वहाँ से उड़ जाता है। धरती की उपजाऊ शक्ति गायब हो जाती है, रोग सिर उठाने लगते हैं और भीषण प्रकोप नागिन–से रेंगने लगते हैं। दूसरे विश्व युद्ध के समय दुनिया को परमाणु हथियारों की ताक़त का परिचय हुआ। लाखों

लोग इससे मर गये। लाखों की तादाद में मानव अपाहिज हो गये, बीमारी के दास बन गये। इसके पश्चात परमाणु संयन्त्रों के विस्फोट से चेर्नोबिल एवं त्रीमेल दुर्घटनाएँ घटित हुईं जिससे पर्यावरण एवं मानव की हानि हुई। आजकल विकसित राष्ट्र नये परमाणु संयन्त्र नहीं खोल रहे हैं, बल्कि जो कार्यरत हैं उनको बन्द करने की योजना बना रहे हैं। लेकिन विकासशील राष्ट्र पाश्चात्य तकनीक का अन्धानुकरण कर उस अनुपयोगी एवं अवैज्ञानिक तन्त्र की विभूति को छोड़ने के लिए तैयार नहीं है। इससे ऐसे राष्ट्र अप्रत्यक्ष रूप से आपदाओं को न्योता दे रहे हैं। 28 मार्च, 1979 में अमेरिका में त्रीमेल दुर्घटना घटित हुई। शीतीकरण प्रक्रिया के ख़राब होने से हाइड्रोजन विस्फोट हो गया था। कहा जाता है कि इससे बारह लाख़ से ज़्यादा लोग वहाँ से भाग खड़े हुए थे, हज़ारों लोग रोगग्रस्त हो गये थे। जनितकीय परिवर्तन की वजह से शारीरिक विकार के शिकार हुए। 26 अप्रैल, 1986 में चेर्नोबिल परमाणु दुर्घटना हुई जिसमें संयुक्त राष्ट्र संघ की रिपोर्ट के अनुसार, चार हज़ार लोगों की मृत्यु हो गयी। उक्रेन सरकार की रिपोर्ट के अनुसार, इस दुर्घटना से पच्चीस हज़ार लोग गुज़र गये थे तथा तीस किलोमीटर प्रदेश के लोग इससे प्रभावित हुए। इसी प्रकार 1947 में हैकर के.वी. एल्स एण्ड प्लास्टिक कम्पनी ने बीरा हज़ार टन तिषैले पदार्थ को नियाग्रा नदी में बहा दिया तो इसका फल आज भी उस इलाके के लोग भुगत रहे हैं। 30 दिसम्बर, 1984 में भोपाल दुर्घटनाग्रस्त हो गया। यूनियन क़ार्बाइड कम्पनी से मीथेल आइसोसायनाइड बाहर आ गया तो वहाँ मृत्यु का नृत्य रच गया। इसके बाद 1986 में सान्टोस दुर्घटना से रैन नदी वीरान हो गयी। हाल ही में 13 नवंबर, 2005 में जूलियन कारखाने में भी दुर्घटना हुई जिससे प्रकृति एवं मानव का भारी नुकसान हुआ। दुर्घटना छोटी हो या बड़ी इससे पर्यावरण एवं जैव–अजैव राशियों का नाश अवश्य होता है और हो रहा है। युद्ध के भीषण प्रकोप से भी प्रकृति का नाश आजकल हो रहा है। अफ़गानिस्तान, इराक़ जैसे युद्धों की वजह से एक ओर पूँजीपति अपना स्वार्थ निभाते हैं तो दूसरी ओर प्रकृति की गोद को खाली करते चले जाते हैं, प्रकृति की लयात्मक चक्रिकता इससे भंग होती है।

2010 जैव–वैविध्य वर्ष मनाया गया। हम दृढ़ संकल्प लेकर आगे बढ़ते हैं कि जैव–वैविध्य जो जीवन का आधार है उसको बचाये रखने

की कोशिश करें। पर्यावरण संकट के इस युग में .01–1 प्रतिशत तक जैव–वैविध्य प्रतिवर्ष नष्ट होते जा रहे हैं। मानव एक ऐसा प्राणी है जो अन्य प्राणियों के नाश का कारण बन रहा है। 1985 में वाल्टर जी. रोजन ने जैव–वैविध्य शब्द का इस्तेमाल पहली बार किया। वैज्ञानिक लोग यह बताते हैं कि विश्व भर में अभी तक उन्नीस लाख प्राणिजात का नामकरण मात्र किया गया है। उनका कहना है कि अन्तरिक्ष के चालीस किलोमीटर तक जीव का रंग अवश्य है। जैव–वैविध्य की कमी से योग्यता की क्षमता कम हो जायेगी। जनितकीय घटकों में परिवर्तन के माध्यम से जैव–वैविध्य आता है जो मानव के लिए अत्यन्त उपयोगी है। भारतीय आयुर्वेद चिकित्सा पद्धति में एक हज़ार दो सौ से ज़्यादा पेड़–पौधों, जड़ी–बूटियों का इस्तेमाल किया जा रहा है। यदि वे उपलब्ध नहीं होंगी तो मानव बीमारियों से कैसे मुक्त हो पायेगा? वैविध्य के नाश को सूचित करने के लिए नार्मन मायर्स ने 1988 में 'गरम केन्द्र' शब्द का इस्तेमाल किया। इसके संरक्षण का प्रयास किया जा रहा है। आगे कोस्टान्सा ने पारिस्थितिकीय मूल्य नामक परिकल्पना विकसित की तथा इस आधार पर एक दलदल की मूल्यवत्ता 6,80,110 रुपए के बराबर मानते हैं। उनकी राय में विश्व भर में तैंतीस ट्रिलियन जैव–वैविध्य हैं जिसका मूल्य सम्पूर्ण विश्व बजट का 14,785 गुना है। आई.पी.सी.सी. 2007 की रिपोर्ट के अनुसार, ईंधनादि के अधिक उपभोग से जैव विविधता में कमी आ गयी है। रिपोर्ट के अनुसार, दशमलव आठ प्रतिशत की दर से गर्मी बढ़ती जा रही है। अब तक दुनिया में दो डिग्री सेल्सियस की वृद्धि हुई है। यदि गर्मी की वृद्धि छह डिग्री सेल्सियस तक बढ़ जायेगी तो सम्पूर्ण धरा रेगिस्तान हो जायेगी। वातावरण में कार्बन–डाइ–ऑक्साइड की मात्रा की अधिकतम सीमा तीन सौ पच्चास पी.पी.एम. है, लेकिन अब उसकी दर तीन सौ सत्तासी पी.पी.एम. है। अतः मानव को सावधानी से काम लेना चाहिए। यदि एक बार जैव–वैविध्य का नाश हो गया तो उसे फिर से पाने के लिए लाखों साल लग जायेंगे। जो सुविधा, जो सौजन्य, जो वरदान हम प्रकृति से ले रहे हैं वह हज़ारों वर्षों की कमाई है। उसको ध्वस्त करने में पल भर का समय काफ़ी है। जैव–वैविध्य के अभाव में समस्त मानव की उपलब्धियाँ रेत का ढेर मात्र रह जायेंगी। जैव–वैविध्य जीवन की विविधता का पर्यायवाची शब्द है। इसके अन्तर्गत विविध प्रजाति,

पर्यावरण तन्त्र शामिल हैं। पारिस्थितिकी तन्त्र के नाश से जैव–वैविध्य का नाश अवश्य हो जायेगा। जैव–वैविध्य मानव जीवन की बुनियाद है जिसका बचाव मानव की वर्तमान माँग है।

पर्यावरण दर्शन का आधार मृत्यु का निरोध है, अमानवीयता का विरोध है। वह दर्शन के कण–कण में विश्व को देखने की शिक्षा देता है, फूल में स्वर्ग देखने की कला सिखाता है। प्राकृतिक शक्तियों को संप्रीत करने का मतलब यही है कि प्रकृति के ऊपर हस्तक्षेप या अतिक्रमण न करके सरलता की सहज ज़िन्दगी बिताये। प्राकृतिक शक्तियों की पूजा का दूसरा अर्थ यह है कि प्रकृति के वैभव को सम्पन्न बनाने के कार्यों में जुट जायें।

# पर्यावरण और मानव

*हम जिस आर्थिक व्यवस्था में ज़िन्दगी बिता रहे हैं, उसमें यह काम कठिन अवश्य है, पर हमारा आदर्श ऊँचा रहना चाहिए। हम पहाड़ की चोटी तक न पहुँच सकते हो, कमर तक तो पहुँच ही जायेंगे जो ज़मीन पर पड़े रहने से कहीं अच्छा है।*

**–प्रेमचन्द**

भाषा मानव की बुनियादी पहचान है। यदि भाषा नामक औज़ार मानव को प्राप्त नहीं हुआ होता तो मानव को अन्य प्राणियों की तरह प्राकृतिक संचेतनाओं के बल पर जीवन चलाना पड़ता। भाषा मानव के संचित अनुभूतियों को/स्मृतियों को सुरक्षित रखने की प्रतीकात्मक–ध्वन्यात्मक व्यवस्था का ही दूसरा अभिधान है। प्रकृति में विद्यमान नानाविध पदार्थ विविध रूप–नामादि ग्रहणकर भाषा की प्रतीकात्मक व्यवस्था का हिस्सा बनकर मानव की आन्तरिक दुनिया में समानान्तर एक दुनिया का सृजन करते हैं। बाह्य भौतिक पदार्थ ही आन्तरिक दुनिया या बोध/विचार का निर्माण करता है। अर्थात भौतिक पदार्थ शब्द का रूप धारण करता है। प्रारम्भिक स्तर पर यह शब्द प्रतीक स्थूल एवं मूर्त तत्वों का प्रतिनिधित्व करता है, पर आत्मसत्ता के विकसित होने के अनुरूप वह सूक्ष्म एवं अमूर्त भावों को व्यंजित करने के माध्यम के रूप में बदल जाता है। इसका आशय यह हुआ कि प्रकृति या पर्यावरण के परिवर्तन के अनुरूप भाषा का कलेवर बदलता चला जाता है। इसके साथ–साथ भौतिक यथार्थता भी परिवर्तित होने लगती है, क्योंकि भाषा का स्वरूप भौतिक जगत के अनुरूप ही संरचित होता है। इस भाषिक संरचना में मानव के वैचारिक तत्व का कोडीकृत रूप अन्तर्निहित है। कुँवर नारायण

के लिए, "शब्द कर्मों की भूमिका है।" उनके ही शब्दों में—"मैं पहले सोचता हूँ/अतः शब्द हूँ/यही मेरे कर्मों की भूमिका है।" भाषा की प्रतीकी व्यवस्था इसलिए विचारों की कोडीकृत व्यवस्था का रूप धारण करती है। इस विचार के अनुरूप मानव का सर्जनात्मक कार्य नियन्त्रित होता है। यही सर्जनात्मकता मानव की सामाजिक संरचना का ढाँचा खड़ी करती है। यह मानव की अस्मिता का आधार बन जाता है चाहे भाषा मानव की सटीक अनुभूति में बिखराव पैदा करती हो।

मानव अपनी भावनाओं की सटीक, सार्थक अभिव्यक्ति के लिए प्रकृति के उपादानों का आसरा ग्रहण करता है। विभिन्न जीव–जन्तुओं की आवाज़ें अनुकरणात्मक शब्द का रूप धारण कर भाषा में प्रयुक्त होती हैं। इसी प्रकार अपनी अभिव्यक्ति की पूर्णता के लिए उपमानों के रूप में प्रकृति के विभिन्न जीव–जन्तुओं, पेड़–पौधों या वस्तुओं का उपयोग किया जाता है। इसलिए 'पत्थर' शक्ति का, 'फूल' सुन्दरता का, 'आसमान' विस्तार का, 'समुद्र' गम्भीरता का भाव ग्रहण कर हमारे सामने अवतरित होते हैं। यह मानव की सर्जनात्मक या कल्पनात्मक कार्य–व्यापार का नतीज़ा है। कल्पना का विस्तार मानव की अपनी चेतना का विस्तार है। इस ढंग से मानव अपनी जीवन व्यवस्था के समानान्तर भाषिक व्यवस्था का निर्माण करता है। 'बाघ' को 'राजा' की पदवी देना या 'लोमड़ी' में 'होशियारी' का आरोप असल में अपने ही 'राजत्व' एवं 'सामर्थ्य' का ही भाषिक प्रत्यांकन है। प्रकृति में अपनी ही चेतना का आरोप करते हुए सर्जनात्मक साहित्य की रचना विश्व भर पे साहित्य गें उपलब्ध है। साहित्य में प्रतिपादित प्रकृति के विभिन्न दृश्य, मेघ सन्देश, बारहमासा, आदि भी मानव की प्राकृतिक वस्तुओं के प्रति उपजने वाली प्रतिक्रिया का कल्पनात्मक व भावात्मक उत्प्रेरणा के निदान हैं। कहने का तात्पर्य यह है कि मानव की सर्जनात्मकता के विविध आयामों को प्रकृति या पर्यावरण रूपायित करता है। भाषा मानव की सहज प्राकृतिक जीवन का उत्पाद है। साहित्य में प्रयुक्त रूपक या अलंकार वास्तव में मानव के अन्तर्ज्ञान का ही दूसरा रूप है। मानव की ज्ञानात्मक स्थिति मानव की आन्तरिक चेतना के विकास के रूप में भी देखा जा सकता है। इस चेतना का विकास प्रकृति के सान्निध्य से ही प्राप्त किया जा सकता है। बुद्ध एवं बोधिवृक्ष का सम्बन्ध इस भावात्मक सम्बन्ध का उदाहरण है।

प्राकृतिक विपुलता भाषा की विपुलता का आधार है। भारत में विश्व भर की भाषाओं की सत्रह प्रतिशत भाषाएँ बोली जाती हैं तो दक्षिण अफ्रीका में तीस प्रतिशत भाषाएँ बोली जाती हैं। इसका मूल कारण प्राकृतिक वैभव की विपुलता एवं बहुलता है। समस्त यूरोप में विश्व भर की भाषाओं की तीन प्रतिशत भाषाएँ बोली जाती हैं। इसका कारण प्राकृतिक सम्पन्नता का अभाव है, एकशिलात्मक संस्कृति का व्यापन है जो पूँजीवादी व्यवस्था के विकास से उपजी औद्योगिकीकृत व्यवस्था की स्वाभाविक परिणति है। भाषा की विपुलता संस्कृतियों की विपुलता का कारण बन जाती है। बहुलता एवं विपुलता जीवन के बहुविधात्मक सौन्दर्यात्मक अभिव्यक्ति का कारण बन जाती है। वर्तमान पूँजीवादी व्यवस्था इस भाषाई विपुलता को ख़त्म कर रही है, जो उनके वाणिज्य एवं व्यापार का बाधक तत्व है। पूँजीवादी व्यवस्था एकल संस्कृति को पोषित करती है। भाषा के नाश से भाषा के भीतर सुरक्षित विराट ज्ञानराशि का नाश हो जाता है। एकल संस्कृति के विकास से मानव के सांस्कृतिक स्तर पर 'एकतानता' विकसित होती है जो सत्ता द्वारा नियन्त्रित होने की सहायक परिस्थितियों की पृष्ठभूमि तैयार करती है। भाषा केवल मानव की वैचारिकता के आदान–प्रदान का माध्यम मात्र नहीं होती, परम्परा से आकलित 'ज्ञान व्यवस्था' या 'संस्कृति' की वाहिका है।

पूँजीवादी व्यवस्था के परिणामस्वरूप विकसित औद्योगिकीकरण की प्रक्रिया प्रकृति के अतुल्य वैभव को ध्वस्त करते हुए आगे बढ़ती जा रही है। प्रकृति के वैभव का नाश भाषा के शब्द सम्पदा के नाश का कारण बन जाता है। शब्द यदि विचार है तो शब्दों के नाश से विचार करने की मानव की संस्कृति कुण्ठित होती चली जायेगी जो जंगलीपन के विस्तार का कारण बन जायेगा। पूँजीवादी व्यवस्था मानव जीवन की आधारभूत सामाजिकता को पोषित नहीं करती, वैयक्तिकरण को प्रोत्साहित करती है। मानव के समस्त कौशलों का विकास, संस्कृतियों का जन्म, मानव की सर्जनात्मकता आदि का आधार सामाजिकता है। इसलिए सामाजिकता का उन्मूलन मानवीयता के निष्कासन का कारण बन जायेगा। सामाजिकता से उत्पन्न संवेदना एवं एकात्मबोध मानव के जैविक, सामाजिक, सांस्कृतिक अस्तित्व का आधार है। पूँजीवाद के बढ़ते प्रभाव के कारण एक ओर मानव की सर्जनात्मकता कुण्ठित

हो जाती है दूसरी ओर वही पूँजीवाद प्रकृति के सीमित संसाधनों को लूटता है और प्रकृति की विविधता को तहस–नहस करता है। भाषा और प्रकृति का आपसी सम्बन्ध स्वयंसिद्ध है। अतएव, प्रकृति का बचाव भाषा का यानी संस्कृति का बचाव बन जाता है। संस्कृतियों की विविधता मानव की मनोवैज्ञानिक, सामाजिक, सौन्दर्यात्मक, सर्जनात्मक, वैयक्तिक विशेषताओं को प्रदर्शित करती है जो मानव समाज के सर्वतोन्मुखी विकास का नींव का पत्थर है।

पर्यावरण मानव जीवन के विभिन्न आयामों को सख़्त रूप से प्रभावित करता है। उदाहरण के लिए, मानव की वेश–भूषा, खान–पान, आचार–व्यवहार, परम्परा, संप्रदाय, अनुष्ठान, भावात्मक वैचारिक समृद्धि आदि के रूपायन में प्रकृति या पर्यावरण का विशेष योगदान रहता है। मानव अपने श्रम के बल पर उसमें निरन्तर परिवर्तन करता रहता है। यही सांस्कृतिक परिवर्तन है। यही मानवीय अस्तित्व का आधार है। अजय तिवारी के मतानुसार, "साहित्य का माध्यम भाषा है और भाषा सामाजिक अन्तर्क्रिया का भी साधन है।" इसलिए वर्गीय मूल की अवधारणाओं को पहल करने और वर्गीय सीमाओं का अतिक्रमण करने की लेखक की संवेदना, प्रेरणा वस्तु को धारण करने और विभिन्न वर्गों को सम्बोधित करने की अन्तर्विरोधी प्रक्रियायें एक साथ मौजूद होती हैं। किन्तु मनुष्य की सर्जनात्मकता के जिन दो रूपों का विकास उसके मानवीय अस्तित्व से सम्बद्ध है, वे हैं—श्रम और कला। इसका आधार प्रकृति है। एस. राजशेखरन की भाषा में प्रकृति ही संस्कृति है। भाषा की बहुस्तारीयता एवं विविधता मानव के व्यापक सांस्कृतिक वैपुल्य को साक्ष्यांकित करती है। प्रकृति के विनाश से, भाषाओं के नष्ट होने से, संस्कृतियों के डूब जाने से 'मानव' का मानवत्व संकुचित होता चला जायेगा, उसका वैचारिक जगत संकरा हो जायेगा, ऐसी स्थिति मानव की ऊर्ध्वगामी यात्रा को आगे बढ़ाने में सहायक नहीं होगी, जीवन में गतिशीलता नहीं रहेगी। प्रकृति या पर्यावरण के वैभव के घिस–घिसकर नष्ट हो जाने से मानव की सर्जनशील प्रतिभा भी सीमित होती चली जायेगी। पर्यावरण के ध्वंस से मानव की सांस्कृतिक एवं भौतिक समृद्धि नष्ट हो जायेगी। शंभुनाथ इस पर विचार करते हुए कहते हैं, "विज्ञान, टेक्नोलॉजी और मुक्त बाज़ार तीसरी सहस्राब्दी के लिए जिस विज़न की खोज कर रहे हैं, उसमें संस्कृति की कोई खोज नहीं है। विकासशील

भारत अब विकसित होने जा रहा है। उसमें आर्थिक समृद्धि, गाँवों का शहरीकरण और पश्चिमी मूल्यों के प्रति खुलापन होगा। बाज़ार को मुक्त करने के अलावा नयी अन्तर्दृष्टि को मानवीय आयाम देने के लिए शिक्षा, चिकित्सा और सामाजिक सुरक्षा के आश्वासन भी अवश्य गूँजेंगे। लेकिन साहित्य संस्कृति के लिए कोई बेचैनी विकास की नयी अन्तर्दृष्टि में नहीं होगी।''

भाषा मानव के वैचारिक जगत को रूपायित करती है। साहित्य भाषा के माध्यम से किये जाने वाला सांस्कृतिक कार्यकलाप है। भाषा मानव के उपकरणात्मक, विश्लेषणपरक व संचारात्मक कार्य का समुच्चय है, यही दूसरी भाषा में मानव के सामाजिक कार्य का रूप धारण करता है। अतएव कवि या साहित्यकार अपनी भाषा के ज़रिये मानव के वैचारिक बोध को नवीन ढाँचे में ढालने का प्रयास करता है। शब्द के भीतर अन्तर्भूत अर्थ या विचार मानव की सामाजिक क्रिया को नियन्त्रित करते हैं। विचारों के अनुरूप मानव के सामाजिक कार्य हस्तक्षेप के स्वरूप निर्धारित होते हैं। इस प्रकार के कार्यों के अनुरूप मानव जीवन का बदलता चेहरा हमारे यहाँ उपस्थित होता है। मानव जीवन के सांस्कृतिक अस्तित्व को निरन्तर नवीन बनाने में साहित्य की भूमिका अतुलनीय है। जैविक क्रान्ति के परिणामस्वरूप मानव ने अपने पीछे के पैरों के बल पर खड़े होने की कला सीखी तो आगे के पैर हाथों के रूप में परिवर्तित हो गये हैं। 'मुक्त पैरों' की सहायता से प्रकृति की विभिन्न वस्तुओं को नये रूप देने की क्षमता मानव को प्राप्त हुई। साथ ही साथ गन्धनिर्भरता के आधार पर मानव अन्य प्राणियों की भाँति अपना जीवन बिताता था, अर्थात आहार प्राप्ति, मैथुन और आत्मरक्षा अपनी प्राकृतिक संचेतनाओं के आधार पर करता था। नाक और मिट्टी की दूरी खड़े होने की कला के सीख जाने पर अधिक हो गयी। ऐसी स्थिति में अपने विचारों को विनिमय करने हेतु नयी पद्धति अपनाने की स्वाभाविक ज़रूरत महसूस हुई। ध्वनि के माध्यम से निश्चित विचारों को विनिमय करने के उद्देश्य से भाषा का विकास हुआ होगा। होमो इरेक्टस (खड़ा होने वाला मानव), होमो हॉबिलस (औज़ार बनाने वाला मानव), होमोसैपियन्स (विवेकशील मानव) के रूप में मानव का विकास भाषा के विकास के साथ जुड़ा हुआ है। इससे मानव का अतिजीवन (सर्वाइवल) पहले की तुलना में इसलिए आसान

हुआ कि अपने हाथों की सहायता से वह औज़ार या हथियार आदि बनाने लगा। वह अपने विवेक के बल पर अपने को बचाने में सक्षम हुआ। इस ऐतिहासिक क्रान्तिकारी परिवर्तन के अनुरूप प्रकृति में मानव की संख्या में बढ़ोत्तरी होती चली गयी। खान–पान की उपलब्धता के उपलक्ष्य में खेती का आविष्कार किया गया। इसके साथ पारिवारिक व्यवस्था कायम हो गयी। निज सम्पत्ति, परिवार की रक्षा आदि के लिए शासन की व्यवस्था की स्थापना की गयी। खेती के विकास के साथ मानव की सामाजिकता सीमित एवं सशक्त अवश्य हो गयी। श्रम से उत्पन्न सामाजिकता के बल पर पशुपालन, हथियार निर्माण, प्रकृति में परिवर्तन, मिट्टी में परिवर्तन सम्भव हुआ और विभिन्न धान, अनाज, सब्ज़ी, पेड़–पौधे, औषधि आदि परखने एवं उसको अपनी इच्छानुसार रूप परिवर्तन करते हुए उपयोग करने की प्रक्रियात्मक जानकारी विकसित होती गयी। इससे जुड़कर मानव की सामाजिकता को पुष्ट करने के उपाय के रूप में कला, साहित्य का पल्लवन हुआ।

'पर्यावरण' अपने आप में एक विशाल अर्थवत्ता को अपने कलेवर में समेटने वाला शब्द है। सामान्य व्यवहार में यह शब्द किसी प्राणी की जैविक और अजैविक स्थितियों की ओर इशारा करता है जिनमें वह अपना अतिजीवन व्यतीत करता है। पर मानव केन्द्रित चिन्तन में इसकी अर्थवत्ता मानव की एवं मानव द्वारा निर्मित भौतिक, सांस्कृतिक स्थितियों तक सीमित हो जाती है। लेकिन साहित्यिक अध्ययन के सन्दर्भ में, साहित्य अपने विशाल परिप्रेक्ष्य में समाज की विरासत होने के कारण 'पर्यावरण' शब्द के भीतर मानव द्वारा निर्मित सांस्कृतिक–भाषिक परिवेश उसमें समाहित हो जाता है, क्योंकि वह सांस्कृतिक स्थिति विस्तृत फलक़ में प्रकृति या पर्यावरण की उपज कही जा सकती है। बाहरी प्रकृति के साथ मानव का भावात्मक या संवेदनात्मक सम्बन्ध अवश्य रहता है, उसकी अभिव्यक्ति साहित्य का अभिन्न हिस्सा है। यही भावात्मक या विचारात्मक सम्बन्ध एक प्रकार से मानव के सांस्कृतिक 'पर्यावरण' का निर्माण करता है। इस अन्दाज़ में पर्यावरण शब्द भौतिकता/बाह्य स्थितियों के पर्यायवाची शब्द के रूप में नहीं स्वीकार किया जा सकता। पर्यावरण शब्द किसी प्राणी की भौतिक परिस्थितियों का प्रतिनिधित्व करता है, पर मानव के सन्दर्भ में मानव द्वारा निर्मित सांस्कृतिक परिवेश का भाव प्रस्तुत शब्द में समाया हुआ

है। पर्यावरण के समानार्थी शब्द के रूप में कभी–कभी प्रकृति शब्द का इस्तेमाल किया जाता रहा है। इरफ़ान हबीब अपनी रचना 'मनुष्य और पर्यावरण' में प्रकृति और पर्यावरण को समानार्थी शब्द के रूप में प्रयोग करते हैं लेकिन प्रकृति शब्द में जीवराशि के जीने योग्य हवा, जल, थल की गुणवत्ता का भाव अन्तर्भूत है। इस जगत के समस्त जैविक–अजैविक पदार्थों के बीच के आपसी सम्बन्ध एवं उनके बीच के सम्बन्धों से उत्पन्न समस्त द्वन्द्वात्मक क्रिया–प्रतिक्रियाएँ प्रकृति शब्द में शामिल हैं। व्यापक अर्थ परिकल्पना में मानव की संस्कृति एवं सभ्यता इस द्वन्द्वात्मकता का ही रूप कही जा सकती है। अन्य जानवरों की तुलना में मानव का जीवन खास सांस्कृतिक विचारों से संचालित है, विस्तार से बतायें तो उसके रहन–सहन, खान–पान, भाषा आदि अन्य प्राणिजातों से इसलिए भिन्न है कि मानव का जीवन केवल भौतिक स्थितियों के सम्पन्न होने से मात्र संचालित नहीं होता है। इसलिए पर्यावरणीय साहित्य की चर्चा के आलोक में पर्यावरण शब्द की अर्थ सीमा में मानव की भौतिक स्थितियों के साथ मानव की सामाजिकता से उत्पन्न सांस्कृतिक स्थिति समाविष्ट हो जाती है।

मानव और अन्य प्राणियों के बीच का मूलभूत अन्तर बोधात्मक स्तर पर आँका जा सकता है। इस बोधात्मकता के मूल में भौतिक व सांस्कृतिक कारण अवश्य हैं। मानव इस जगत के विभिन्न पदार्थों को खास वस्तु के रूप में अनुभव करता है। उसके मन में अमुक वस्तु के प्रति विशिष्ट प्रकार की मानसिक प्रतिक्रिया उपजती है जो उस वस्तु को एक विशिष्ट प्रकार की अस्मिता प्रदान करती है। मानव इस जगत में ऐसा प्राणी है जो वस्तु को उसके रूप–नाम से परख सकता है। रूप–नाम आदि से अभिव्यंजित यह संसार मानव के बोधात्मक स्तर को निर्मित करता है। मानव के मन की पुनीत सर्जनात्मक ऊर्जा का विस्तार इस बोधात्मक स्तर को निर्मित करता है अर्थात सांस्कृतिक धरातल पर मानव का बोध–मण्डल भौतिक जगत एवं मन की क्रिया–प्रतिक्रिया से उत्पन्न मानसिक या बौद्धिक ऊर्जा का अन्जाम है। इसका आशय यह हुआ कि मानव अपनी आँखों से कुर्सी को देखते समय अन्य वस्तुओं से उसकी भिन्नता या उस कुर्सी की विशिष्टताओं को पहचानता है तथा उसकी यह पहचान जीवन में परम्परा से आकलित पूर्व अनुभूतियों पर आधारित है। यह अनुभव संसार को प्रतीकात्मक रूप में मानव

के समक्ष भाषा के रूप में उपस्थित होता है तथा एक विशिष्ट प्रकार की भाषिक व्यवस्था में उसके भाव–बोध का जन्म होता है। उस खास भाषिक समाज के प्रतीकों को अपनी इन्द्रियों के माध्यम से हर व्यक्ति अन्तर्भूत करता है। इस प्रक्रिया में अवश्य ही व्यक्ति की निजी सर्जनात्मकता का अंश जुड़ जाता है। वही उसके ख़ुद की पहचान के रूप में समझी जाती है। मानव के मन में उपजने वाली विभिन्न संकल्पनाएँ असल में मानव और प्रकृति के बीच के द्वन्द्वात्मक सम्बन्ध से विकसित होती हैं। आज का बढ़ता पर्यावरण विनाश मानव की भाषा की जड़ों को उखाड़ने के काम में लगा हुआ है।

भाषा की प्रतीकात्मक व्यवस्था समेकित सामाजिक समझौते का उत्पाद है। भाषा मूल रूप में खास जन समुदाय के एकजुट होने का प्रमाण पेश करती है। भाषा तो दो शरीरों के बीच की दूरी को अपने प्रतीकों से भरती है। तात्पर्य यह है कि सामाजिकता भाषा के जन्म होने का आधार है। मानव के आन्तरिक बोधात्मक व्यवस्था को संरचित करने में सामाजिकता के बल पर निर्मित प्रतीकात्मक व्यवस्था अहम भूमिका निभाती है। यह प्रतीकात्मक व्यवस्था इतिहास बोध पर या परम्परा पर आश्रित है। मानव के कायिक, मानसिक, बौद्धिक क्रियाओं के कालक्रमानुसार विकसित होने पर मानव के वैचारिक बोध के स्तर पर परिवर्तन आ जाते हैं। इस परिवर्तन के अनुरूप इस जगत के प्रति उसके बोध में या वैचारिक प्रतिक्रिया में बदलाव आ जाते हैं। इसके आधार पर वह प्रकृति की विभिन्न वस्तुओं का परीक्षण–निरीक्षण करता है। प्रकृति पर मानव का हस्तक्षेप मानव नामक जानवर को मानव बना देता है। वह प्रकृति के नियमों का अनुसरण नहीं करता, अपने अनुकूल प्रकृति के नियमों को बदलता है या प्रकृति के समानान्तर अपनी कानूनी व्यवस्था को अमल में लाता है। प्रकृति के समस्त प्राणिजात प्रकृति के नियमों का अनुसरण कर घोंसला आदि बनाते हैं, उसके पीछे खास प्राणी की नैसर्गिक जीवन–शक्ति कार्य करती है। मकड़ी का जाल सब कहीं एक जैसा ही होता है पर मानव जब अपना घर बनाता है एक जैसा इसलिए नहीं होता है कि उसका सौन्दर्यात्मक सांस्कृतिक बोध उसकी निर्मिति में योगदान देता है। इसका कारण यह हो सकता है कि प्रकृति के मानवेतर प्राणियों की ऊर्जा का केन्द्रीकरण वस्तु तक सीमित है, वस्तु विशेष तक नहीं। खास वस्तु की असीमित

सम्भावनाओं, विशेषताओं की ओर मानवेतर प्राणी का ध्यान नहीं जाता है, लेकिन मानव का वैचारिक बोध उस खास वस्तु की बारीकियों की ओर उसको ले जाता है। यह सामाजिक, सर्जनात्मक प्रक्रिया का सांस्कृतिक रूपांतरण है। यह मानव के अनुभव जगत के विकास के साथ परिवर्तित होता जाता है। यह अनुभव जगत मानव के श्रम का विकास है। सतत विकासशील सामाजिक श्रम मानव के सामान्य बोध को विकसित करता है। यह प्रकृति या पर्यावरण के साथ मानव के सतत सम्पर्क का ही फल है, यह मानव की समस्त उपलब्धियों का आधार है।

श्रम अपने आप में मानव की बुनियादी एकजुटता का प्रत्यक्ष परिणाम है। इसी ने अनेक जैविक सामाजिक सम्बन्धों के बीजवपन का काम किया है। अपने खास लक्ष्य की पूर्ति हेतु जब मानव कायिक एवं मानसिक कार्य करता है, वही श्रम है। उत्पल कुमार का कथन है—"श्रम ऐसी प्रक्रिया है, जिसमें मनुष्य अपने कार्यकलाप द्वारा प्रकृति और अपने बीच प्रक्रियाओं को प्रारम्भ करता है, उनका नियमन करता है और उन पर नियन्त्रण करता है। श्रम से मनुष्य प्राकृतिक चीज़ों को सोद्देश्य रूप में प्रभावित करता है और उन्हें परिवर्तित करता है, बाह्य प्रकृति को परिवर्तित करते हुए मनुष्य साथ ही साथ स्वयं अपनी प्रकृति को भी परिवर्तित करता है। बाह्य प्रकृति को परिवर्तित करने का अर्थ प्राकृतिक चीज़ों को मनुष्य की आवश्यकताओं के अनुकूल ढालना है।" आदिम समाज में जीविका की आवश्यकताओं की पूर्ति हेतु समस्त सामाजिक उत्पादन की प्रक्रिया में प्रत्यक्ष एवं अप्रत्यक्ष रूप से मानव जुट जाता था, पर मशीनीकृत उत्पादन व्यवस्था कायम होने से मानव की सर्जनात्मक कुशलता का उत्पादन व्यवस्था में कोई महत्त्व नहीं रहता है। मशीनीकृत उत्पादन व्यवस्था में उत्पादों की अधिकता होती है, अतएव उपभोग को बढ़ावा देने के लिए विज्ञापनों का झूठा जाल बिछाया जाता है। उपभोग के अनुरूप अपशिष्टों का भी ढेर लग जाता है, जो मानव के स्वास्थ्य को बिगाड़ देता है। इससे जुड़कर स्वास्थ्य केन्द्र, स्वास्थ्य पर्यटन, प्राकृतिक चिकित्सा केन्द्र, पर्यावरण पर्यटन, रिसोर्ट हाऊस आदि का विकास होता है। अर्थात प्राकृतिक विध्वंस से उपजी हुई सामाजिक स्थिति भी मुनाफ़ा जुटाने का तरीका बन जाती है। इसलिए आज के मानव के विकास को विनाश का विकास कहा जाता

है। खेती के लिये जब मानव पेड़ों को जड़ों से उखाड़ फेंकता है तब पानी के स्रोत स्वाभाविक रूप से नष्ट हो जाते हैं। जब चरागाहों को सपाट बनाया जाता है तो स्वाभाविक रूप से मवेशी जात गायब होने लगते हैं, खुद मानव के जीवन के आधार ही हिलने लगते हैं। ऐसी विषम स्थिति में मानव अपने नष्ट होते जा रहे वैभव को लेकर चिन्तित होने लगता है। आज की जीवन स्थिति मानव की सर्जनात्मकता और प्रकृति की उर्वर जैविकता को सम्पोषित नहीं करती है।

भाषा सामाजिक अनुभवों की संचित अनुभूति है। जब भाषा और मानव के विचार में तनाव उत्पन्न होता है तभी नवीन भाषा का निर्माण होता है। मानव की यह निर्माणात्मकता श्रम पर आधारित मानव की सामाजिकता का दूसरा रूप है। ज़रूर सामाजिक उभार और सर्जनात्मक उभार दोनों समानान्तर चलने वाली प्रक्रियाएँ हैं। 'श्रम में मानव और प्रकृति की संगति रहती है। यही सामाजिक संगति मानव के सामाजिक अस्तित्व का आधार है। यही मानव के बोध को संरचित करता है', पर समकालीन जीवन सन्दर्भ में श्रम के परितोष से मानव वंचित हो जाता है। इससे मानव का अभ्यास/श्रम (लेबर) यन्त्र–समान बन जाता है। यन्त्रवत मनुष्य संवेदनहीन बन जाता है। मानव इस व्यवस्था में पृथक्करण का शिकार हो जाता है। इस पर विचार करते हुए उत्पल कुमार का कथन है—

'पूँजीवादी आर्थिक और सामाजिक व्यवस्था में मेहनतकश लोगों का जो क्रूर शोषण होता है, वह उन्हें मानवीय नहीं रहने देता, बल्कि उन्हें अमानुषिक या पशु जैसा बना देता है। इस व्यवस्था में मनुष्य भौतिक वस्तुओं का उत्पादन या कलात्मक कृतियों का सृजन स्वेच्छा से स्वतन्त्रतापूर्वक अपने में नहीं कर सकता, क्योंकि इस व्यवस्था में मनुष्य श्रम से ही नहीं, बल्कि अपने आप से भी पृथक हो जाता है।'

मनुष्य इस प्रक्रिया का शिकार होकर चार प्रकार के पृथक्करण के वश में चला जाता है—(1) एक ओर प्रकृति से, (2) अपने आप से यानी अपने कार्यकलाप से, (3) अपनी प्रजाति या समुदाय से, (4) दूसरे मनुष्यों से। नवीन सर्जनात्मक कार्य में जुट जाने के लिए जीवन में अन्य प्राणियों के साथ, मनुष्य के साथ भावात्मक या संवेदनात्मक सम्बन्ध स्थापित करना पड़ता है। आदिम समाज में जो उत्पादन होता था, उसका उपयोग वही लोग करते थे या उसका समाज करता था,

पर आज का निर्माता उपभोक्ता नहीं बन सकता। इसलिए आधुनिक उत्पादकता को सर्जनशीलता का पर्याय नहीं कहा जा सकता। आज के श्रमिक को उत्पादन प्रक्रिया से हटाया जाता है। इतना ही नहीं कि मशीनीकृत उत्पादन में श्रम के वैविध्य का अभाव रहता है, उसमें वैयक्तिकता की छाप नहीं रहती है। इससे सामाजिकता ख़त्म हो जाती है, मानव की सौन्दर्यात्मकता की अनुपस्थिति रहती है। मशीनीकृत समस्त उत्पादन प्राकृतिक वस्तुओं/भौतिक पदार्थों की सहायता से सम्भव होता है। प्रकृति यहाँ केवल एक 'भौतिक पदार्थ' मात्र रह जाती है, उसके साथ संवादात्मक, संवेदनात्मक, भावात्मक रिश्ता कट जाता है। ऐसे में असंवेदनशील मानव के जीवन के श्रम का सौन्दर्य नष्ट हो जाता है।

सर्जनशीलता के बल पर मन अपने जीवन की सीमाओं को पार करता है, मानव की वर्तमानता को आगे ले जाने वाले उपक्रम का नाम सर्जनशीलता है। यह सामाजिक जीवन के विविध क्षेत्रों को प्रभावित करती है। यह सर्जनात्मकता मानसिक, शारीरिक, भावात्मक, राजनीतिक कार्य है जिसके माध्यम से मानव के सामाजिक जीवन में गुणात्मक परिवर्तन सम्भव होता है। पर आजकल पूँजीवादी ताक़तों के बल पर बाज़ारी भाषा कृत्रिम समरूपता का निर्माण करती है। भाषा की विविधता का दमन कर संस्कृतियों की बहुलता को खारिजकर एकशिलात्मक संस्कृति की स्थापना सम्भव है। संस्कृतियों की समरूपता प्रकृति विरोधी है, क्योंकि प्रकृति हमेशा बहुलता या वैविध्य को पोषित करती है।

श्रम के माध्यम से मानव प्रकृति में विविध प्रकार के परिवर्तन का बीज बोता है। यह श्रम कायिक एवं मानसिक हो सकता है। विभिन्न शारीरिक इकाइयों के सग्रंथित योजन से मानव इस प्रकृति की विभिन्न वस्तुओं पर परीक्षण करता है, निरीक्षण करता है, अपनी संचित सामाजिक पूर्वानुभूतियों के बल पर अपने आगामी कार्यों को नयी दिशा प्रदान करता है। इन विभिन्न मानसिक, बौद्धिक क्रियाओं की पृष्ठभूमि में 'युक्ति' कार्यरत है। यह धीरे–धीरे मानव के वैचारिक बोध का आधार निर्णीत करती है। जानकारी और दक्षता बोध के आधार तत्व हैं। पहले मानव छड़ी का इस्तेमाल करता था। बोध के विस्तार के साथ गुलेल (कैटापुल्ट) के इस्तेमाल करने की कला सीखी। वही बोध धीरे–धीरे विकसित होकर धनुष का रूप धारण करता है।

इससे व्यक्त होता है कि मानव अपने कायिक, बौद्धिक श्रम के बल पर प्रकृति को अपने अनुकूल बनाने का काम कर सकता है। मानव जीवन के परिवर्तन का यही रहस्य है। इस प्रकार प्राकृतिक जीवन के समानान्तर एक नवीन प्रकृति पर आधारित जीवन व्यवस्था निर्मित करने में मानव सफल हुआ है। यह व्यवस्था नित परिवर्तनशील है। पंछी अपनी प्राकृतिक संचेतना के बल पर अपना काम करता है तो मानव प्रकृति पर अपनी दख़लअन्दाज़ी करता है। मानव की मूल–प्रकृति प्राकृतिक कार्य–कारण से बढ़कर सांस्कृतिक कार्य करने के लिए प्रेरित करती है। इसका तात्पर्य यह हुआ कि अपने उद्देश्य के बल पर पंछी या मकड़ी अपना काम नहीं करते, पर मानव का श्रम सोद्देश्य होता है। दूसरे शब्दों में, बिना किसी लक्ष्य के मानव श्रम नहीं करता है। बर्तन का निर्माण, घर का निर्माण, खाद्य पदार्थों का निर्माण सब सोद्देश्य है। इस संचित सामाजिक बोध के बल पर मानव अपने सामाजिक जीवन को आगे बढ़ाता है। काल, समय आदि को लेकर जो परिकल्पना विकसित हुई, वह भी इसी का अन्जाम है। प्रकृति की चक्रिकता या आवर्तन–प्रत्यावर्तन की प्रक्रिया समय के बोध के पीछे कार्यरत है। जन्म–मरण की आवृत्ति, सूर्यास्त–सूर्योदय, मौसम की आवृत्ति आदि ने मानव के काल–समय बोध को निर्धारित एवं रूपायित करने में अहम भूमिका निभाई है। अपनी आँखों के सामने प्रत्यक्ष जगत मानव की चेतना को प्रभावित करता है। इस चेतनात्मक विस्तार के परिणामस्वरूप मनुष्य अपनी जीवन अवस्था को परिवर्तित करने या सकारात्मक रूप में बदलने का काम करता है। अपने शरीर की स्थिति को बेहतर बनाने का कार्य चिकित्सा विज्ञान के उदय का कारण बना है या प्रकृति की मृत्यु के प्रतिभास को औषधि विज्ञान के माध्यम से मानव चुनौती देता है। अपने पैरों की सीमा को पहियों के माध्यम से वह चुनौती देता है। उड़ने की चाहत को वायुयान के आविष्कार से पूर्ण करता है। यही प्रकृति पर मानव के प्रभुत्व के उत्तम दृष्टान्त हैं। अपनी ज़िन्दगी की सीमा को अनवरत लाँघने का प्रयास ही मानव की सभ्यता और संस्कृति का सीधा इतिहास है।

मानव के जीवन की समस्याओं का समाधान मानव के सम्यक एकजुटता से, अर्थात सामाजिकता से सम्भव है। यही मानव की जैविक सत्ता को गठित करती है, विचारों के सर्जन का कारण बन जाती

है, मानव की जैविक स्थिति को सम्भव बनाती है। प्रकृति के साथ निरन्तर सम्पर्क से ही चेतना का विकास होता है। मानव अपने मन व मस्तिष्क से श्रम करता है, साथ ही उसका आस्वादन करता है। यदि मानव पृथक्करण का शिकार हो जाता है तो उसकी सत्त्व या एसेंस का नाश हो जाता है। श्रम से मानव की जैविक सत्ता बनी रहती है। अतः श्रम को जीवन का आधार कहा जाता है। आजकल पूँजी की ताक़तें मानव के इस श्रम की ताक़त को हटाकर निर्बल बनाती हैं। बाज़ार की ताक़तें मानव के श्रम को धन देकर ख़रीदती हैं, वहाँ उसका श्रम बाज़ारी माल बन जाता है। इस प्रकार मानव का अमानवीय हो जाना वर्तमान नियति है। यह भूलना नहीं चाहिए कि श्रम मानव की भौतिक सम्पन्नता का आधार है। आधुनिक काल में विकसित वैज्ञानिक उपकरण एक प्रकार से 'घनीभूत श्रम' का उदाहरण हैं। श्रम से उपजे उत्पाद का जब क्रय–विक्रय किया जाता है तो वह बाज़ारी माल बन जाता है। इस पर भावात्मक या कल्पित मूल्य अध्यारोपित है।

प्रतिरोध का रास्ता अपनाकर मानव, जीवन की असंगतियों को दूर करने हेतु कटिबद्ध होकर जीवन के प्रांगण में उतरता है। प्रतिरोधात्मक कार्य से समाज की प्रभुत्व शक्तियों के कार्यों को, उसके रूपायन को, कार्य–कारण सम्बन्धों को खुलकर रखा जाता है। इसके साथ ही लोकतन्त्रात्मकता को सुदृढ़ करके जनपक्षधरता को पुष्ट किया जाता है और नूतन विकल्पों का अन्वेषण किया जाता है। समानान्तर रूप में भाषा एवं साहित्य को स्वस्थ सांस्कृतिक वातावरण के सृजन हेतु औज़ार के रूप में सजाया जाता है। यही मानव की सर्जनशीलता है, इस सर्जनशीलता से बोध का परिष्कार होता है, नवीन वातायन खुलते हैं एवं जीवन की नयी दिशाएँ प्रशस्त होती हैं। पूँजीवादी दौर में मानव की सामाजिकता सीमित होती चली जाती है, भाषा का दायरा संकरा हो जाता है तो अमानवीकरण की प्रवृत्ति बलवती होती चली जाती है। साहित्य पर इसका दूरगामी प्रभाव पड़ सकता है, पर साहित्य सदैव अमानवीकरण का प्रतिरोध करता रहेगा और मानवीकरण की प्रवृत्ति और सर्जनशीलता की वैविध्यपूर्ण सम्भावनाओं को दर्शाता रहेगा।

पर्यावरण दर्शन का आधार मृत्यु का निरोध है, अमानवीयता का विरोध है। वह दर्शन के कण–कण में विश्व को देखने की शिक्षा देता है, फूल में स्वर्ग को देखने की कला सिखाता है। प्राकृतिक शक्तियों

को संप्रीत करने का मतलब यही है कि प्रकृति के ऊपर हस्तक्षेप या अतिक्रमण न करके सरलता एवं सहजता की ज़िन्दगी बितायें। प्राकृतिक शक्तियों की पूजा का दूसरा अर्थ यह है कि प्रकृति के वैभव को सम्पन्न बनाने के कार्यों में जुट जायें। गीता में इस बात का उल्लेख हुआ है। भारतीय ऋषि–मुनिगण त्याग कर भोग करने के पक्षपाती हैं। भारतीय परिकल्पना के अनुसार, प्रकृति का पालन मानव का धर्म समझा जाता है। यहाँ प्रकृति के साथ संघर्ष नहीं, मैत्री है। उपभोग की संस्कृति भारत की मिट्टी में पनपने वाली नहीं थी। वे जानते थे कि काम की तृप्ति ऐसे नहीं हो जाती। आग में घी की भाँति मन की तृष्णा जलती रहती है। प्रकृति की आराधना प्रकृति के संरक्षण का अभिन्न अंग है। हिमालय इसलिए पूज्य है कि वह संस्कृति का संरक्षक है, भारत के मौसम को नियन्त्रित करने में उसकी देन अमूल्य है। नदी जीवनदायिनी है, नदी का पानी जीवन रस है, जीवन की कला पानी की धारा से ही विकसित होती है। इसलिए नदी जीवन एवं संस्कृति का आधार है। भारतीय ऋषि जब पेड़ काटते थे तब प्रार्थना करते थे कि हम जड़ से नहीं काटेंगे। वे सूर्य को पिता एवं नदी को माता के रूप में देखते हैं। इसका तात्पर्य यह है कि वे प्रकृति में अपनेपन का ही विस्तार देखते हैं। बृहदारण्यकोपनिषद् में कहा गया है कि वृक्ष मनुष्य है, पत्ते रोम हैं, छिलका चर्म है। वे पेड़ को पुत्र से भी बढ़कर मानते हैं। संघर्ष का रास्ता छोड़कर शान्ति का मन्त्र उनके दर्शन का आधार है। यह शान्ति दर्शन प्रकृति व अन्य प्राणिजातों के साथ समरस अवस्था या लयात्मक अवस्था का दूसरा नाम है। उनकी राय में पंचभूतों को शुद्ध करने की ताक़त पेड़–पौधों में है। प्रकृति के साथ आत्मस्थ सम्बन्ध रखने से 'वसुधैव कुटुम्बकम' की स्थापना हो सकती है। यही भारतीय मुनियों का मनन है, भारतीय पर्यावरणीय दर्शन का बीज है।

मानव के इतिहास के अध्ययन से यह विदित होता है कि स्पेन की अल्तामिरा, एल–कास्टिलो आदि की गुफाओं में प्रकृति के चित्रण मौजूद हैं। इससे प्रकृति के प्रति मानव की आदिम प्रतिक्रिया का मिज़ाज प्राप्त होता है। इस प्रकार वेदों में प्रकृति का उल्लेख प्रभूत मात्रा में हुआ है। सूर्य का सम्बोधन 'अज' नाम से किया गया है। इस समस्त सृष्टि के आधार के रूप में सूर्य को मान्यता प्राप्त है। 'प्रजापति' शब्द

का यही आशय निकलता है। प्रजापति से वैदिक वाङ्मय के अनुसार समस्त सृष्टि का विकास हुआ है। प्रजापति शब्द का व्युत्पत्तिपरक अर्थ समस्त जीवों का स्वामी होता है। इसके साथ ही जलप्लावन की कहानी का उल्लेख प्राचीन संस्कृत वाङ्मय में तथा बाइबिल में भरा पड़ा है। आदिमाता के रूप में भारत में जिस प्रकार 'अदिति' की कल्पना की गयी, उसी प्रकार पाश्चात्य देश में 'जियूस' और 'हेरा' को प्रतिष्ठित किया गया। भारत में प्रचलित मनु की कथा के मूल में ध्वनित लय–विलय का भाव या जन्म–मृत्यु की चक्रिकता की अवधारणा प्राकृतिक शक्ति के वर्चस्व या प्रभुता की ओर सख़्त इशारा है। इस भाँति इन्द्रियप्रत्यक्ष जीवनानुभव के रहस्य को, उसकी मूल भावना को जानने का अनथक प्रयास भारत में हुआ है। अद्वैतवाद, अणुवाद आदि इसके प्रमाण हैं। विभिन्न रूप–नामों से प्रतिभाषित इस भौतिक जगत के मूलाधार का रहस्य क्या है? इसकी प्रोद्घोषणा अद्वैतवाद में हुई है। पंचभूतों से निर्मित या प्राकृतिक परमाणुओं से निर्मित प्रकृति का आवागमन या निरन्तरतापूर्ण चक्रिकता का अवबोध मानव के मन में उदभूत हुआ। भारतीय दर्शन का मानना है कि जीवन की स्थिति समस्त चर–अचर में है। शून्यता का विस्तार सर्वत्र दिखाई देता है। परमाणु के मूल में भी अनेक कण निरन्तर गतिमान हैं। गतिशीलता प्राणत्व का लक्षण है। जैव–अजैव में दिव्यत्व की कल्पना भारतीय दर्शन इसलिए करता है। भारतीय दर्शन वास्तव में आत्मकेन्द्रित या आत्मीय प्राकृतिक अभिगम का विरोध करता है। प्रकृति की अपरिमेय शक्ति विशेषता से भारतीय दर्शन परिचित है। इसलिए प्रकृति के साथ आत्मलयात्मक सम्बन्ध की सतत अनिवार्यता भारतीय दर्शन रेखांकित करता है। इसलिए इस जगत को 'नीड़' के रूप में, 'कुटुम्ब' के रूप में देखने की भावना विकसित हुई।

पाश्चात्य जगत की धारणा आरम्भ में यही रही कि जो इस संसार में प्रत्यक्ष एवं अप्रत्यक्ष होता है, वही प्रकृति है। इसका तात्पर्य यह हुआ कि पाश्चात्य जगत प्रकृति की जैविक चक्रिकता में विश्वास रखता था। वे प्रकृति में निश्चलता का दर्शन नहीं करते थे। लेकिन ईसाई धर्म के प्रचारार्थ प्रकृति ईश्वर की एक सृष्टि के रूप में सामने आई तथा ईश्वर प्रदत्त एक वस्तु के रूप में प्रकृति को देखने की परम्परा चल निकली। इससे मानव के सर्जनात्मक कर्म व्यापार के एक अंश के

रूप में प्रकृति की गिनती की जाने लगी। विज्ञान एवं प्रौद्योगिकी के विकास के साथ प्रकृति और मानव की द्वैतता की भावना चरम सीमा पर पहुँच गयी। 'अरस्तू' की राय में इस समस्त संसार का सृजन वस्तुओं से हुआ है और हर वस्तु बेहतर स्थिति में परिवर्तित होने के लिए तरसती है। प्राणी में 'आत्मा' का अंश जुड़ जाता है। साथ ही, बोध का अंश उसमें है। यह बोध मानव के आत्मबोध का पर्याय है जो मानव के जीवन को आगे बढ़ाता है। मानव में यह बोध विस्तार मानव की इन्द्रियों की क्रियाओं का विस्तार है।

मानव के इंद्रिय बोध के विकास के साथ ही प्रकृति के साथ मानव के जैविक सम्बन्ध में दरारें पड़ गयीं। प्रकृति को अपनी इच्छानुसार बदलने की क्षमता प्रकृति के वैभव के विध्वंस का कारण बनी। इससे मानव के साथ मानवेतर समस्त चेतन–अचेतन वस्तुओं के भौतिक अस्तित्व पर प्रश्नचिह्न खड़े हो गये। अनेकानेक पर्यावरणीय समस्याएँ वर्तमान 'मानव जीवन को अनेक रूपों में' निगलने लगी हैं। इसलिए मानव के प्राकृतिक हस्तक्षेप के विध्वंसात्मक/निषेधात्मक या हानिकारक पक्ष में गुणात्मक परिवर्तन आज के समय की आवश्यकता है। इसके अनुसरण में अनेक प्रकार की वैचारिक सरणियाँ आधुनिक काल में उभरकर सामने आई हैं। 'शोषण, प्रकृति का दोहन, आबादी की वृद्धि मानव को नये सिरे से सोचने–विचारने के लिए बाध्य कर रहे हैं।' प्रकृति के प्रति आज के संवेदनशील हृदय की प्रतिक्रिया का आधार मानव का ध्वंसात्मक रवैया ही रहा है। किस–किस ऐतिहासिक कारण से होकर इस प्रकार की मानसिकता ने आज के मानव के मन में नीड़ बना लिया है, यह भी पर्यावरणीय साहित्यिक विवेचना की मूल आकाक्षाएँ हैं। 'गहन पर्यावरणवाद, जीवन प्रदान करने वाली प्रकृति की पुनर्स्थापना प्रकृति के अतिशय शोषण के काल में करता है।' चाप्ले का कथन है कि, "प्रकृति से ही पेड़–पौधे और जीव का आविर्भाव होता है जैसे स्त्री के शरीर से बच्चों का जन्म होता है।" इस जैव सम्बन्ध की तरफ़ आज की पूँजीवादी संस्कृति ध्यान नहीं देती। इसलिए नहीं देती है कि प्रकृति के संसाधनों के अभाव में पूँजी का बढ़ावा नहीं होगा। ऐसी विचारधारा पनप जाती है जिससे भोग का संस्कार विकसित हो, उपयोगवादी सृष्टि का विकास हो। इसलिए आज का साहित्यकार जीवन की घनीभूत पीड़ा के उलझन में फँसकर 'जीवन की

विषमताओं को नीलकण्ठ की तरह अन्तर्भूत करता है।' इसलिए आज की लेखनी भूमण्डलीकरण के तहत बाज़ारीकरण या उदारीकरण से पीड़ित भारतीय किसान, मज़दूर और निम्न मध्य वर्ग की दुर्गति, प्रकृति पर बलात्कार एवं प्रदूषण के घातक प्रभावों को अंकित करती है। यही वर्तमान जीवन की शिनाख़्त है। आज का मानव उसी प्रकार प्रकृति को चाहता है जैसे मरा हुआ आदमी ज़िन्दगी को वापस चाहता है।

# पर्यावरण विमर्श

*भोगवादी सभ्यता ने मानव जाति को तीन तोहफे दिये हैं—युद्ध, प्रदूषण और भुखमरी। इनमें से प्रदूषण को पहला स्थान देता हूँ, क्योंकि प्रदूषण की समस्या गरीब और अमीर दोनों देशों में समान रूप से है। इसका जन्म विपुलता वाले विकास की कोख से हुआ है और उसकी शुरुआत मानव की भोग–लिप्सा, वासना को भड़काकर होती है। इसलिए जब तक मूल पर प्रहार नहीं होगा, गरीबों को इससे मुक्ति मिलने की कोई आशा नहीं है। अब इस दुनिया के विकासशील, अल्प विकसित, विकसित और अविकसित माने जाने वाले अधिकांश देशों की मुख्य समस्या मिट्टी के क्षरण और जल संकट की है, पश्चिमी ढंग के विकास और उद्योगों के केन्द्रीकरण के साथ–साथ जल और वायु तथा ध्वनि प्रदूषण की समस्याएँ इन देशों के नगरों में जटिल रूप धारण कर रही हैं।*

**–सुन्दरलाल बहुगुणा**

सन् 1962 पर्यावरणीय विमर्श के आलोक में महत्त्वपूर्ण वर्ष इसलिए है कि उसी वर्ष में राचल कर्सन की प्रसिद्ध रचना 'साइलेन्ट स्प्रिंग' का प्रकाशन हुआ। इसमें औद्योगिकीकरण के प्रदूषण से किस प्रकार प्रकृति की विविध प्रजातियाँ नष्ट होती जा रही हैं, पर्यावरण का सन्तुलन किस प्रकार ध्वस्त हो रहा है, उनका चित्रण किया गया है। डी.डी.टी. जैसा विषैले कीटनाशक किस प्रकार पर्यावरण को नष्ट करता है, उसकी चिन्ता इस ग्रन्थ का प्रतिपाद्य विषय है। यह रचना मानव समाज में एक नवीन जागृति फैलाने में सफल हुई है। इसके अनन्तर पर्यावरण की रक्षा की माँग करते हुए ग्रीन पीस, अर्थ फेस्ट, ट्रेन्ड्स ऑफ अर्थ जैसे संगठन सामने आये। जब एक दार्शनिक, राजनीतिक, सामाजिक आन्दोलन के रूप में पर्यावरण आन्दोलन आया तो पर्यावरण सन्तुलन

के बिगड़ जाने की अनेक मिसालें हमारे सामने अवतरित हुई। मौसमी परिवर्तन, भूतापन, भू–शीतीकरण, असामयिक बाढ़, सूखा, ग्रीन हाउस इफेक्ट, जल–स्थल–जंगल–वायु आदि का प्रदूषण, बीमारी का विस्तार, जीव–जन्तुओं, प्राणियों का सत्यानाश, सुनामी जैसी प्राकृतिक दुर्घटनाएँ, परमाणु संयन्त्रों से निकलने वाले परमाणु अवशिष्ट, औद्योगिक संस्थानों में होने वाली दुर्घटनाएँ, पर्यावरणीय पलायन, वन नशीकरण, युद्ध, आतंक, जनसंख्या की वृद्धि, परिवहन का विस्तार, अतिशय औद्योगिकीकरण, प्राकृतिक सम्पदा का दोहन आदि से धरती आजकल जीने लायक नहीं रह गयी है। इसके लिए पूर्ण रूप से विकसित राष्ट्र ही ज़िम्मेदार हैं। उदाहरण के लिए, 93 प्रतिशत सी.एफ.सी. (क्लोरो–फ्लूरो कार्बन) उत्पादित करने वाले विश्व के औद्योगिकीकृत विकसित राष्ट्र हैं। कहने का इरादा यह है कि विकसित राष्ट्र पर्यावरणीय विनाश के लिए उत्तरदायी हैं। यदि पर्यावरण को हम आँख की पुतली की भाँति नहीं बचा पायेंगे तो सदियों से मानव संस्कृति की समस्त उपलब्धियाँ राख की ढेर बन जायेंगी। यह प्रकृति सिर्फ़ मानव के उपयोग के लिए नहीं है, समस्त जैव–अजैव वस्तुओं का इस प्रकृति में विशिष्ट स्थान है। जीवन को जीने लायक बनाने में सब की अपनी–अपनी भूमिका रहती है। सबके साथ आत्मिक–जैविक सम्बन्ध को बरकरार रखना, अपने वर्तमान विकास की परिकल्पना को नयी दिशा प्रदान करना, विकास के सिर–फिरे मापदण्डों में परिवर्तन लाना, प्रकृति की ओर वापस लौटने की माँग करना आदि पर्यावरणीय विमर्श के अभिन्न अंग हैं। स्थाई एवं स्वस्थ विकास के नारे अब बुलन्द होने लगे हैं। मानव ख़ुद पहचानने लगा है कि मानव के जैविक शरीर को बनाये रखने का आधार प्रकृति है। प्राचीनकाल में अन्य समस्त जीव–जन्तुओं की भाँति मानव प्रकृति के इशारों पर ही चलता था, पर कालान्तर में मानव प्रकृति के समानान्तर एक नवीन संविधान तैयार करने के क़ाबिल हुआ। इससे प्रकृति के साथ मालिक–दास का सम्बन्ध विकसित हुआ, प्रकृति का शोषण मानव के अधिकार के रूप में समझा जाने लगा। विकास के लिए विनाश चलता रहा, इस विनाश से उपजे संकट से प्रभावित होकर अपने जीवन को नये ढंग से रूपायित करने की आवश्यकता मानव को महसूस हुई जिसके परिणामस्वरूप अनेक पर्यावरणीय विमर्श की सरणियाँ विकसित हुईं। पर्यावरणीय दर्शन या विमर्श वास्तव में

किसी जाति, धर्म, देश, इलाके तक सीमित नहीं, समस्त मानव राशि के बचाव को लक्ष्य करके, उसके परितोष, समृद्धि को ध्यान में रखते हुए आगे बढ़ने का दिशा–निर्देश देता है।

यथार्थ का निर्धारण इन्द्रियगोचर प्रत्यक्ष अनुभव के आधार पर नहीं किया जा सकता है। दर्शन इन्द्रिय प्रत्यक्ष ज्ञान पर सवाल का चिह्न लगाता है तथा वह उस प्रतिभास के पीछे कार्यरत वास्तविकता को समझने की कोशिश करता है। सूक्ष्म विवेचना से यह सम्पूर्ण जगत अणुओं की चलनात्मकता का ही दूसरा नाम है। इस प्रकृति को उपजीव्य बनाकर इस पृथ्वी का समस्त प्राणिजात अपनी जैविक अस्मिता की स्थापना करता है। अतिजीवन की कला अन्य प्राणियों की तुलना में मानव में अधिक इसलिए है कि स्तनपायी मानव का आविर्भाव इस संसार में बाद में हुआ। जिन स्तनपायी प्राणियों का आविर्भाव इस संसार में बाद में हुआ, उनमें बुद्धिशक्ति की अधिकता रही। इस बुद्धिमत्ता के बल पर मानव प्रकृति पर अपना प्रभुत्व स्थापित करने में सफल रहा है। यही स्वामित्व पर्यावरणीय संकट का कारण बना। पृथ्वी के इतिहास में नब्बे से अधिक प्रतिशत प्राणिजातों का सत्यानाश विविध कालखण्डों में अनेक कारणों से हुआ है। लेकिन इसके पीछे प्राकृतिक कारण अवश्य कार्यरत थे, लेकिन आजकल की पर्यावरणीय समस्याएँ जो हमारे सामने प्रत्यक्ष हो रही हैं, उनके मूल में प्रकृति पर मानव का खुला हस्तक्षेप काम करता है। जैविक–अजैविक प्रकृति पर मानव अपने ज्ञान के बल पर अधिकार स्थापित करता है। जनितकीय प्रौद्योगिकी इसका स्पष्ट प्रमाण है। मानव के शारीरिक अवयव तक इस प्रौद्यौगिकी के माध्यम से तैयार किया जाता है। अतिशय औद्योगिकीकरण से मानव आजकल प्रदूषण के बीच में जीने के लिए बाध्य हो गया है। इस भीषण प्रक्रिया से मानव धीरे–धीरे अपनी सर्गशक्ति से दूर होता जा रहा है, मानव यन्त्रवत् होता जा रहा है। अपने मूल्य, आदर्श, परम्परा, भाषा, संस्कृति आदि से दूर होता जा रहा है। वर्तमान जीवन पर मियाँ प्रकाश डालते हुए कहते हैं—

"आज भूमण्डलीकरण का असली चेहरा नज़र आ रहा है। इसके परिणामस्वरूप मूल्य विघटित हो रहे हैं। इसके द्वारा परोसी गयी पश्चिमी संस्कृति का शिकार किसान, मज़दूर, मध्य वर्ग जैसी आम जनता है। बाज़ार संस्कृति ने सबको अपना दास बना रखा है। बहुराष्ट्रीय कम्पनियाँ

अकूत मुनाफ़ा कमाने के लिए हमारा खून चूस रही हैं। उपभोक्ता संस्कृति ने अपने पैर फैला रखे हैं। पूरा देश मूल्य संकट के दौर से गुज़र रहा है। हमारी लोक संस्कृति धूमिल हो रही है। हमारी भाषा हमसे छीनी जा रही है।''

पूँजीवादी उत्पादन की प्रक्रिया तो हमेशा प्राकृतिक संसाधनों को उपभोग की वस्तुओं के रूप में परिवर्तित करती रहती है। 'भौतिक सुविधाओं को जुटाने की दौड़ में मानव को पैरों तले की मिट्टी के बह जाने का पता नहीं चलता है।' दोहन की प्रक्रिया के बढ़ने से जिस प्रदेश में प्राकृतिक संसाधन मौजूद हैं, वहाँ की जनता को विस्थापित होने के लिए बाध्य करके उस पर पूँजीवादी अपना कब्ज़ा बना लेते हैं। मशीनीकृत औद्योगिकीकृत उत्पादन से समाज के निर्बल लोग अपने जन्मस्थान छोड़ने को बाध्य हो जाते हैं तथा अपने समस्त मानवीय—सामाजिक–सांस्कृतिक अधिकारों से वंचित रह जाते हैं। पर्यावरणीय विध्वंस का असर इन लोगों पर पड़ता है। इसलिए आज के पर्यावरणीय बचाव का आन्दोलन गरीबों का पर्यावरणीय आन्दोलन बन जाता है। अतः इस प्रकार के विकास के आतंक से पीड़ित लोगों का प्रतिरोध असंवेदनशील पूँजी की ताक़तों के ख़िलाफ़ होना स्वाभाविक है। इसलिए पर्यावरणीय आन्दोलन स्वार्थजन्य, उपभोगपरक, मनोरंजन प्रधान संस्कृति के विरुद्ध उभरने वाले आन्दोलन का रूप धारण करता है। बाज़ारी उपभोग की संस्कृति की आलोचना करते हुए राजकुमार शर्मा का कहना है—

''मानवीय मूल्यों और उनसे नियन्त्रित जीवन–व्यापार के क्षेत्रों में जो अराजकता उपभोक्ता संस्कृति ने पैदा की है वह एक वैश्विक सच्चाई है। ...पूँजी के मुक्त प्रवाह की वकालत करने वाली उदारवादी भूमण्डलीय बाज़ार व्यवस्था ने उपभोक्ता संस्कृति को एक अकल्पनीय और अनियन्त्रित विस्तार दिया है। पिछड़ी हुई चेतना पर अत्याधुनिक बाज़ारवाद को लादने की इन कोशिशों ने परम्परागत मानव मूल्यों को लेकर नये सवाल खड़े किये हैं जिनसे रूबरू होना आज बेहद ज़रूरी है।''

पर्यावरण आन्दोलन के मूल में प्रकृति केन्द्रित विचारधारा काम करती है। यह समस्त प्रकृति की विभिन्न चेतन–अचेतन वस्तुओं के बीच में एकात्म भाव का दर्शन करता है। प्रकृति अपने आप में एक

विराट जैविकता को अपने भीतर समेटती है। जब उसकी जैविकता पर आघात होता है तो स्वाभाविक रूप से वह अपनी प्रतिक्रिया व्यक्त करती है, क्योंकि ऐसी प्रतिक्रिया जैविकता का प्रमाण है। यह दर्शन मानव केन्द्रित आधुनिकता बोध की संकल्पनाओं का विरोध करता है, वह मानवेतर प्राणियों पर ध्यान नहीं देता है। आधुनिकता मानव जगत की अनगिनत समस्याओं पर ध्यान केन्द्रित करती है तथा वह व्यावहारिकता या प्रयोजनवाद से संचालित है। पूँजीवादी नज़रिया प्रकृति को अपने हित के अनुरूप उपयोग करने का सिद्धान्त सामने रखता है। अपने मूल में मानव प्रकृति पर हस्तक्षेप किये बिना अपने जीवन को आगे नहीं बढ़ा सकता है, लेकिन सीमित प्राकृतिक संसाधनों का उपभोग अतीव लालच के साथ सीमित समय में करने पर आगामी पीढ़ी आफ़त की स्थिति में पहुँच जायेगी। अतएव, पर्यावरणीय आन्दोलन संयमित एवं निर्माणात्मक उपयोग की दृष्टि पर बल देता है जो 'स्थाई विकास की हिमायत करता है।' इस प्रकृति के सभी जैविक–अजैविक इकाइयों की भूमिका का अंगीकार कर जीवन को आगे बढ़ाने का नवीन विचार विभिन्न पर्यावरण विमर्श की धाराएँ हमारे सामने पेश करती हैं।

पर्यावरण विमर्श साहित्य के अध्ययन का नया विमर्श है जिसमें यह जानने का प्रयास किया जाता है कि साहित्य में मानव का सम्बन्ध मानवेतर जगत के साथ किस प्रकार अभिव्यक्त हुआ है। दूसरी भाषा में प्रकृति का चित्रण इतिहास में किस प्रकार हुआ है, प्रकृति के प्रति साहित्यकारों की प्रतिक्रिया कैसी रही, यही जाँचना इस विमर्श का प्रमुख लक्ष्य रहा है। बाह्य भौतिक परिस्थिति और मानवीय जीवनानुभूतियों के बीच के सरोकारों की अभिव्यंजना पर्यावरण विमर्श का केन्द्र–बिन्दु है। बुअल जैसे विद्वानों का कहना है कि पर्यावरण विमर्श पर्यावरण या परिस्थिति तथा साहित्य के बीच के आपसी सरोकार को सम्बोधित करता है। इसमें विश्व की व्यापकता रहती है, क्षेत्रीयता की सीमा भी रहती है। यह विमर्श तत्कालीन पर्यावरणीय संकट के दबाव में विकसित हुआ है। जब प्रकृति या पर्यावरण में अभाव का विस्तार होता है तब साहित्य हमेशा उन अभावों की कहानी कहता है। अपने आस–पास की प्रकृति या पर्यावरण में मानव के हस्तक्षेप से होने वाले निषेधात्मक परिवर्तन के कार्य–कारण सम्बन्धों की भावात्मक व्याख्या साहित्य में होती है और साहित्य नवीन भावबोध पर आधारित हस्तक्षेप की

उम्मीद रखता है ताकि मानव के साथ इतर प्रकृति, जिसमें सारे सस्य प्राणिजात शामिल हैं, स्वस्थ हों। इसका अंकन कभी प्रकृति के वर्तमान शोचनीय स्थिति के चित्रण के माध्यम से होता है, कभी अतीत के वैभव के गायन के रूप में या उसके संरक्षण की माँग के रूप में। पर्यावरणीय विमर्श हमारे सामने यह विचार रखता है कि समकाल के दौर का जीवन इस पृथ्वी पर कहाँ तक आगे बढ़ सकता है? इस विमर्श के मूल में प्रकृति है तथा यह मानव केन्द्रित विकास के सारे पैमानों पर प्रश्नचिह्न लगाता है। आज के सामाजिक जीवन के विभिन्न परिवेशों को व्याख्यायित करने के लिए सैद्धान्तिक आधार की तलाश में पर्यावरणीय या पारिस्थितिकी विज्ञान की सैद्धान्तिक मान्यताओं का उपभोग पर्यावरणीय विमर्श द्वारा किया जाता है। साहित्य में मानव के आस–पास के पर्यावरण और उसके साथ मानव के जैविक सम्बन्ध की अभिव्यक्ति प्राचीन काल से हो रही है। मानव द्वारा प्रकृति में किये गये ऐतिहासिक कार्यों की भावात्मक विवेचना पर्यावरण विमर्श का अहम मुद्दा है। मानव जीवन के ऐतिहासिक विकास के सटीक ज्ञान के अभाव में इसका चित्रण शब्दों के माध्यम से नहीं किया जा सकता। अन्यथा वह यथास्थितिवाद की नारेबाजी या जुमलेबाजी मात्र रह जायेगी। 'इतिहास के पन्नों में यह लिखा हुआ है कि करीब 1970 में पर्यावरण विमर्श का प्रारम्भ साहित्य में हुआ, लेकिन 1990 तक आते–आते एक अकादमिक विषय के रूप में इसका विकास हुआ।' पूँजी की ताक़तों का वर्चस्व इसी काल में और सशक्त हुआ। इसका भीषण रूप पर्यावरणीय नाश के रूप में प्रत्यक्ष होने लगा जो मानव के रोज़–बरोज़ की ज़िन्दगी को किसी न किसी रूप में प्रभावित करने लगा। पर्यावरण विमर्श वर्तमान जीवन के नये परिप्रेक्ष्य को हमारे सामने पेश करता है। साहित्य यह पहचानता है कि प्राणत्व का संस्पर्श केवल इस पृथ्वी में ही देखने को मिलता है। इसलिए इस धरती के साथ, उसके सीमित वैभव के साथ खिलवाड़ कदापि नहीं किया जा सकता है।

पर्यावरणीय विमर्श का अन्तिम मकसद यह है कि प्रकृति और मानव के बीच पुनीत रागात्मक सम्बन्ध का विकास हो। हम जानते हैं कि प्रकृति पर आश्रित हुए बिना मानव अपना जीवन आगे नहीं बढ़ा पायेगा। प्रकृति के शोषण की संस्कृति मानव की जघन्यता मात्र को दर्शाती है। प्रकृति के उपादानों को स्वीकार करके ही मानव प्रजाति

इस जगत में अपना अस्तित्व कायम रख सकती है, मानव स्वतन्त्र रूप में इस संसार में जीवनयापन कर सकता है। गहन पर्यावरण की मान्यता यह रही है कि इस पृथ्वी पर समस्त प्राणियों का समान अधिकार है। किसी प्रकार का अधिनायकत्व मानव का अन्य प्राणियों पर स्वीकार नहीं किया जा सकता। इस जगत में किसी वस्तु की जैविक अस्मिता हो या अजैविक अस्मिता, को अकेले में निर्धारित नहीं किया जा सकता। इस दृष्टि से भूतल की मानव प्रजाति की आत्मनिर्भरता का कोई वैज्ञानिक आधार नहीं मिलता।

मानव के वैचारिक जगत में इस प्रकार की बहस का आविर्भाव औद्योगिकीकरण के विकास से उत्पन्न जीवन परिस्थितियों की नैसर्गिक प्रतिक्रिया है। पूँजीवाद के विकास के साथ ही मशीनी संस्कृति का विकास हुआ, इससे प्रकृति के शोषण की दर बढ़ती जा रही है। शहरीकरण, पर्यावरण प्रदूषण आदि से मानव की नैसर्गिक ज़िन्दगी में डाँवाडोल की स्थिति आई है। विषैले वातावरण ने मानव के जैविक सन्तुलन को बिगाड़ कर रखा है। पर्यावरणीय वैचारिकता के प्रसार में रेचल कर्सन (साइलेंट स्प्रिंग, 1962), रेमंट विलियम्स (कण्ट्री एण्ड द सिटी, 1973), अनेटे कोलोडनी (द ले ऑफ द लैण्ड, 1975) का महत्त्वपूर्ण स्थान रहा है। इसको संवेदनात्मक आधार प्रदान करने में रूमानी कतिगों का महत्त्वपूर्ण स्थान रहा है। वर्ड्सवर्थ, विलियम मोरिस, जॉन कीट्स, शैली आदि के नाम इस अवसर पर विशेष उल्लेखनीय हैं। समान संवेदना का प्रसार हिन्दी साहित्य में छायावादी कवियों ने किया है।

पर्यावरणीय विमर्श वास्तव में मानव की आत्म–केन्द्रित वर्तमान संस्कृति की बुनियादी संकल्पनाओं को चुनौती देता है तथा पर्यावरणीय समानता के बोध को प्रसारित करने का प्रयास करता है। पूँजीवाद हमेशा असमानता के विस्तार की साज़िश रच रहा है और सहयोग एवं सहभागिता की संस्कृति को ध्वस्त करता है। पर्यावरण विमर्श पूँजीवाद की इन साज़िशों का खुलेआम विरोध करता है, क्योंकि वे मानव एवं प्रकृति विरोधी हैं। सहकारिता की वैचारिकी वर्तमान पर्यावरणीय संकट से बचने का एकमात्र उपाय है। पर्यावरण विमर्श प्रकृति की जैविकता की प्रतिष्ठापना करना चाहता है तथा उसके नष्ट हुए प्राकृतिक वैभव को पुनः हस्तगत करने की माँग करता है, साथ ही प्रकृति के दोहन में उभरने वाले समस्त परिकल्पनाओं का तिरस्कार करता है। पर्यावरणीय

विमर्श आजकल के मानव के सांस्कृतिक जीवन का अभिन्न हिस्सा बन चुका है। भारत में इस विचारधारा को आगे बढ़ाने में बन्दना शिवा, सुन्दरलाल बहुगुणा, मेधा पाटकर, अरुन्धति रॉय आदि का विशेष योगदान रहा है।

गहन पर्यावरणवाद के नामकरण का श्रेय आर्ननेस को जाता है। यह प्रकृति के सारे जैविक एवं अजैविक वस्तुओं के आपसी सौहार्दपूर्ण सम्बन्ध की हिमायत करता है। यह सम्बन्ध आन्तरिक जैव सम्बन्ध है। प्रकृति के स्तर पर विचार किया जाये तो सब समान हैं, इस धरती पर सबका समान अधिकार है तथा जितनी विविधता प्रकृति में है, वह प्रकृति के प्राणत्व एवं दिव्यत्व के स्तर पर सबके समान अधिकार की भावना को सम्पुष्ट करने वाली होती है। गहन पर्यावरणवाद विभिन्न प्रकार के प्राणी वर्गों के बीच समानता की माँग करता है। यदि कोई प्राणी प्राकृतिक संसाधन का अधिक उपयोग करेगा तो वह किसी दूसरे वर्ग के बुनियादी अधिकारों पर किये जाने वाले हस्तक्षेप के रूप में परिवर्तित हो जायेगा। किसी के द्वारा किया जाने वाला अमित उपयोग प्रकृति में जीवन के सन्तुलन को बिगाड़ देता है। सन्तुलन प्राकृतिक स्थिति का लक्षण है, असन्तुलन प्रकृति विरोधी तत्व है। इसलिए स्वाभाविक रूप से उपभोग वाणिज्य व्यापार पर आधारित समस्त विकास के मापदण्डों को गहन पर्यावरणवाद स्वीकार नहीं करता इसलिए कि आज का विकास प्रकृति में असंगतियों को भर देता है। आर्ननेस ने इसलिए 'जैव समुदाय' की नूतन परिकल्पना विकसित की है। मानव के जैविक अस्तित्व एवं प्रकृति के जैविक अस्तित्व में आपसी जुड़ाव है। प्रकृति अजैव शरीर है या प्रकृति के ही विस्तार के रूप में मानव तथा अन्य प्राणियों के शरीर को देखा जा सकता है। प्रकृति के विभिन्न प्राणियों व अजैविक तत्वों के बीच में जो सम्बन्ध है, वह एक जैविक श्रृंखला के रूप में विकसित होता है जो जैव–संधारण के लिए अत्यन्त अपेक्षित है।

गहन पर्यावरणवाद समानता, सहकारिता, सहजीवन की वकालत करता है तथा सभी प्रकार के शोषण का विरोध करता है। आधुनिक समाजवादी सिद्धान्तों का प्रभाव इस पर पड़ा है। इसलिए 'जैव समता' को इस सिद्धान्त का आधार कहा जा सकता है। इसकी स्थापना तभी सम्भव होगी जब शोषण का अन्त हो, दमन का सत्यानाश हो,

सत्ता का विकेन्द्रीकरण हो, गाँवों की स्वायत्तता हो तथा किसी के एकाधिकार या स्वामित्व का अन्त हो। यह पर्यावरणवाद नकली विकास को स्वीकार नहीं करता जो केवल धन का साम्राज्य विकसित करता है तथा मानवीय संवेदना एवं आत्मिक सम्बन्ध को कुचल देता है। इस विकास में मानव के आधारभूत परितोष को नकारा जाता है। यह विकास की इकतरफा गति को नकारता है तथा प्रकृति के स्वास्थ्य को ध्यान में रखता है। गहन पर्यावरणवाद पूँजी के बल पर होने वाले नकली, अस्थाई, अवैज्ञानिक, मानव–प्रकृति विरोधी विकास की अवधारणाओं को नकारता है। वह पृथ्वी के साथ आदर्श सम्बन्ध की स्थापना करने के मार्गों की खोज़ करता है।

पर्यावरणीय समाजवाद समकालीन पर्यावरणीय अपचय से उदभूत एक ऐसी विचारधारा है जो वर्तमान में कार्यरत पूँजीवाद के विकास के मापदण्डों पर सवाल लगाती है। आजकल हमारे सामने विकास का जो दौर चल रहा है वह विनाश को निमन्त्रण दे रहा है। जेम्स ओ कोनर, जोवल कोवल, बेलामी फॉस्टर आदि ने इस स्थिति के ख़िलाफ़ आवाज़ उठाई और मार्क्सवादी सैद्धान्तिक आलोचना के आलोक में अपनी मान्यताओं को पेश किया। इसके अनुसार वर्तमान विकास में लोकतन्त्रात्मकता का अभाव है। प्रकृति के अमित एवं असन्तुलित उपभोग को बढ़ावा दिया जा रहा है। 'पूँजीवाद द्वारा पोषित वर्तमान बाज़ारीकृत आर्थिक व्यवस्था में उपयोग के मूल्य को विनिमय मूल्य के ऊपर प्रमुख माना जाता है।' सम्पत्ति के असमान वितरण पर बल देने के कारण स्वाभाविक रूप से सामाजिक अन्तर्विरोधों को उत्तेजित करने में मात्र पूँजीवादी विकास प्रक्रिया सहायक है। यह विचारधारा विशेष रूप से मानवीय सहकारिता पर आधारित समेकित उत्पादन पर बल देती है। पर्यावरणीय समाजवाद वर्तमान आर्थिक संरचना में तथा आर्थिक नीतियों में बदलाव की माँग करता है।

मार्क्सवादी विचार के अनुसार पूँजीवादी व्यवस्था के भीतर से ही उसके पतन के कारण उभर आयेंगे, क्योंकि लाभ के अलावा पूँजीवादी व्यवस्था की नज़र में कोई मूल्य नहीं रहता है। पूँजीवादी व्यवस्था की अराजकता का प्रतिफलन आज के जीवन में परिव्याप्त हो रहा है। इजाश अहम्मद का कथन है—"वैश्विक बाज़ार जितना अधिक अराजक हो जाता है उतनी ही अधिक अराजकता मनुष्य के सामाजिक

सम्बन्धों में आ जाती है।'' बाज़ारी अर्थव्यवस्था से उत्पन्न जीवन का असन्तुलन जीवन के बिखराव का कारण बनेगा। पर्यावरण पर होने वाले भीषण आघातों से चाहे मार्क्स अपने समय में परिचित नहीं थे, फिर भी पूँजीवादी व्यवस्था के पतन से वाक़िफ़ ज़रूर थे। जब मानव अपने जीवन में संकट में फँस जाता है तो अपनी जैविकता से प्रेरित होकर विकल्पों की तलाशी करता है। यह मानवीय चेतना की प्रतिक्रिया है। इस दृष्टि से पर्यावरणीय समाजवाद वास्तव में वर्तमान ज़िन्दगी में बदलाव की तलाशी करता है जिससे मानव के जीने लायक भौतिक स्थितियों का निर्माण हो। असीम उद्योगों के विकास से असीम विषैले पदार्थों का निवेश पर्यावरण में होता है। उसमें ख़तरनाक परमाणु अवशिष्ट भी शामिल है जिससे प्रकृति के जैव एवं अजैव शरीर का स्वास्थ्य बिखर जाता है और आन्तरिक रूप से जनितकीय परिवर्तन का शिकार होता चला जाता है। इसलिए इस प्रकार के अवशिष्ट को कम करने के लिए निषेधात्मक विकास की नीति को अपनाना ही होगा, हमें ऊर्जा के उपभोग की दर को कम करना होगा, बिजली के उपकरणों को त्यागना होगा और सहकारिता की संस्कृति को पल्लवित–पोषित करना होगा। उपभोग के स्थान पर उपयोग की संस्कृति स्थापित हो जिससे मानव के साथ समस्त प्रकृति की जैव–अजैव वस्तुओं का चैतन्य कायम रहे। उपभोग की चरम सीमा जीवन को लक्ष्यहीन बनाती है। नवीन जीवन दर्शन की खोज की अनिवार्यता पर विचार करते हुए राजकिशोर कहते हैं—

''उपभोगवाद के बाद इस सभ्यता का दूसरा देवता था उद्योगवाद, जिसने पर्यावरण विनाश का ख़तरा पैदाकर सारी धरती के जीवन को ही संकट में डाल दिया है। सभी देशों के पर्यावरणशास्त्री और समाजशास्त्री एक ऐसी सभ्यता की तलाश में है, जिससे इस संकट को टाला जा सके। वे बड़े उद्योग के स्थान पर छोटे और कुटीर उद्योगों पर, शहरीकरण के स्थान पर ग्रामीणीकरण पर, जटिल प्रौद्योगिकी के बजाय जो मनुष्य को कलपुर्ज़ा बनाकर, उजली आत्मा को कुचलती है, मानव द्वारा नियन्त्रित और सरल प्रौद्योगिकी पर ज़ोर दे रहे हैं तथा प्रकृति के साथ शत्रु सम्बन्ध के स्थान पर प्रकृति से साहचर्य भाव स्थापित करने की बात कर रहे हैं, वे गाँधीजी को याद कर रहे हैं और लोहिया के विचारों की ओर आकृष्ट हो रहे हैं।''

पूँजीवादी व्यवस्था विज्ञान की विभूतियों के माध्यम से अनगिनत अनावश्यक वस्तुओं का प्रचार करती है तथा मानव के मन में कृत्रिम इच्छाओं को जगाकर बाज़ार की ओर उसको खींचती है। वर्ण, वर्ग, देश की संस्कृति व मानवीय सम्बन्धों का सटीक उपयोग कर बाज़ारी वस्तुएँ उपभोक्ता के मन में प्रवेश करती हैं। यह ऐलान किया जाता है कि गुण वस्तुओं में है, मानव में नहीं। राजकुमार शर्मा का कथन है– "पूँजीवादी संस्कृति प्रत्येक व्यक्ति को एक उपभोक्ता में बदल देती है और जीवन एवं संस्कृति के प्रत्येक कर्म और परिणाम को एक बिकाऊ माल या उत्पाद के रूप में बदल देती है। उपभोग का मतलब है जीवन के लिए संसाधनों को जुटाना। भौतिक संसाधनों को जुटाने की प्रक्रिया का सांस्कृतिक प्रक्रिया से भी सम्बन्ध होता है।"

इससे वस्तुकरण की प्रक्रिया बलवती होती जा रही है। इस अर्थ–वस्तु–बाज़ार– मुनाफ़ा पर आधारित जीवन की प्रतिस्थापना प्रकृति–मनुष्य के रागात्मक सम्बन्ध के धरातल पर संचालित किसी व्यवस्था से करना आज की सबसे बड़ी आवश्यकता बन गयी है। आजकल की संस्कृति में मानव की सामाजिक मर्यादा वस्तुओं के स्वामित्व पर अवलम्बित है जो एक प्रतीकात्मक मूल्य का वहन करती है। इससे वस्तु मानव जीवन के सामाजिक अस्तित्व का अभिन्न हिस्सा बन जाती है। वस्तु के अधिग्रहण की कामना से मानवीय जीवन का एकमात्र लक्ष्य धन बन जाता है। इस दुःस्थिति से मानवीय समाज की रक्षा हेतु सुविधाओं या विकास की विभूतियों को छोड़ने की तथा पुनीत त्याग की संस्कृति विकसित करनी होगी। उपभोग के संस्कार एवं मानव के हस्तक्षेप से ओज़ोन परतों में छिद्र हो रहे हैं, जंगल मरुस्थल में बदलता चला जा रहा है, जैव–वैविध्य विलुप्त होता जा रहा है, उर्वर मिट्टी बंजर होती जा रही है। इसका तात्पर्य यह है कि प्रकृति को केन्द्र में रखकर जीवन की चर्चा की जानी चाहिए। आजकल प्रकृति मानव के द्वन्द्वात्मक सम्बन्ध को पुनराख्यायित करना मानव की संस्कृति की प्रगामी यात्रा के लिए अनिवार्य–सा बन गया है। प्रकृति के स्वास्थ्य को ध्यान में रखे बिना मानव अपनी समस्त सांस्कृतिक उपलब्धियों को आगे नहीं बढ़ा पायेगा। हमारे जीवन के विकास के सैद्धान्तिक मापदण्डों को काल के अनुसार पुनः ढलना होगा। यही इस वैचारिक धारा की वर्तमान प्रासंगिकता है। इससे नवीन आर्थिक जीवन का विकास

होगा। कहने का तात्पर्य यह है कि पर्यावरणीय समस्याओं का समाधान पूँजीवादी व्यवस्थाओं के सैद्धान्तिक मापदण्डों के आधार पर किसी भी हालत में नहीं किया जा सकता। आगामी पीढ़ी या भविष्य को ध्यान में रखते हुए प्राकृतिक संसाधनों के युक्तिसंगत व विवेकपूर्ण उपयोग के बल पर हम भविष्य के साथ न्याय कर पायेंगे। सीमित साधनों का सीमातीत शोषण अन्धकार का निमन्त्रण है। 'विकसित राष्ट्रों का व्यापक उपभोग विकासशील राष्ट्रों को रुग्ण बना देता है। विकृत उपभोग से भारत जैसे विकासशील राष्ट्रों में असमानता का विस्तार होता है, प्राकृतिक वैभवों की कमी होती है, गरीबी का विस्तार होता है, सामाजिक समस्याएँ पनपने लगती हैं, सामाजिक जीवन की तन्दुरुस्ती नष्ट होती चली जाती है।' इतना ही नहीं, पूँजी पर आधारित जीवन व्यवस्था मानव को असंवेदनशील पशु के रूप में परिवर्तित करती है। प्राकृतिक संसाधनों के सम्यक, सन्तुलित, समाचीन, समतुल्य उपभोग पर ही जीवन का सौन्दर्य निहित है। उत्पादन, उपभोग, मुनाफ़ा पूँजीवाद के बुनियादी उसूल हैं। इनकी प्राथमिकता मानव की भलाई में नहीं, अर्थ के ढेर खड़ा करने में है। मानव को वहाँ छला जाता है, जहाँ वह अपनी नैसर्गिकता को त्यागकर उपभोग करने वाला जानवर मात्र रह जाता है। सरला सुन्दरम की टिप्पणी देखिए—"मनुष्य द्वारा मनुष्य के शोषण पर आधारित पूँजीवादी व्यवस्था में एक मनुष्य दूसरे मनुष्य का शोषण–दमन–उत्पीड़न करके उसे पशु बनाता है और इस प्रक्रिया में वह स्वयं भी पशु बन जाता है।" इस पर अपनी गम्भीर चिन्ता व्यक्त करते हुए शम्भूनाथ का कथन है–

"उपभोक्ता संस्कृति में आदमी की अपनी रुचियाँ, प्रतिक्रियाएँ, स्वप्न सो जाते हैं। वह बड़ी आसानी से विज्ञापन और वस्तुओं के छले बिम्बों के जाल में फँस जाता है। आदमी पूँजीवाद के नव उदारवादी जाल की वजह से कृत्रिम इच्छाओं का शिकार होता जाता है।"

पूँजी से संचालित जीवन व्यवस्था में मानव लाभ जुटाने का एक उपकरण मात्र बन जाता है। लेकिन हमारा समाजवाद तो मानव के समान, सहकारी उपयोग पर बल देता है, यह मानव की बुनियादी आवश्यकताओं को केन्द्र में रखता है तथा मानव के भोग करने की पिपासा को नकारता है। अतः जीवन के आर्थिक आधार को पर्यावरण के अनुकूल बनाना हमारा फ़र्ज़ बन जाता है। यह दर्शन अमीरों का

नहीं, गरीबों का समर्थन करता है, जो मार्क्स की मानवीयता की हिमायत करता है। यह किसी प्रदेश या किसी देश की समस्या का समाधान नहीं ढूँढ़ता है। विश्व की समस्याओं के समाधान की सम्भावनाओं को पेश करता है। धन की संस्कृति के विकल्प की तलाशी करते हुए इतिहासकार कोसांबी का कथन है—

"मुनाफ़ा और वर्चस्व केन्द्रित विकास मॉडल प्रश्नों के घेरे में रहा है। 1991 के बाद विकल्पहीनता के उसके भाव ने उसकी आक्रामकता को एक तरफ़ से चरम पर पहुँचा दिया है। जो मुखौटा उसके ऐजेंडे को लागू करने में असमर्थ दिख रहा था, उसे आसानी से बदल दिया गया है। नया मुखौटा उसके तीव्र आक्रामक भाव के अनुरूप दिख सा रहा है। लेकिन विकल्पहीन नहीं रही है दुनिया। लैटिन अमेरिकी देश एवं ग्रीस अति आक्रामक पूँजीवाद को वैकल्पिक साम्यवादी नीति का ही आइना दिखा रहे हैं। आदिवासी जीवन और संस्कृति के बरक्स इस कट–पेस्ट वाले सर्वग्रासी विकास मॉडल पर प्रश्न खड़े करने का उद्देश्य भारत में बहुजन के मानस के लिए मूलतत्व को रेखांकित करना ही है जो आवश्यकता के अधिक उपभोग में संकोच करता रहा है। न्यूनतम में जीवनयापन में ही संतोष, सुख–आनन्द की अनुभूति करता रहा है। गौतम बुद्ध इसे ही सम्यक आजीव कहते हैं यानी अपनी आजीविका इस प्रकार चलाना जिससे समाज को हानि नहीं पहुँचे।"

इस प्रकृति में अनगिनत प्राणिजात है। मानवेतर प्राणियों को भी इस संसार में जीने का समान अधिकार है। पर मानव के प्रभुत्व से प्रकृति की संरचना में भारी–भरकम परिवर्तन होते चले जा रहे हैं जिनके कारण प्रकृति की स्वाभाविक जैविकता का विनाश होता जा रहा है। पूँजीवाद इस प्रकृति को उत्पाद के रूप में परिवर्तित करके बाज़ार को समृद्ध करता है तथा उत्पादों की बिक्री सुनिश्चित करके लाभ का हिमालय खड़ा करता है। पूँजीवाद अपनी ताक़त से प्रकृति के संसाधनों को सस्ते में अपनाता है तथा यह विचार भी रखता है कि प्राकृतिक संसाधनों पर उसका स्वाभाविक अधिकार है। इस अधिकार की स्थापना हेतु युद्ध का आतंक मचाया जाता है, वह आतंक प्रकृति एवं मानव को आन्तरिक एवं बाह्य दृष्टि से खोखला बना देता है। पूँजीवादी औद्योगिक उत्पादन के परिणामस्वरूप जो मलिन पदार्थ पैदा होते हैं उनको भी आजकल वाणिज्य की सामग्री बनाकर बेचा जाता है। 'कार्बन व्यापार'

इसका उत्तम उदाहरण है। इस प्रकार की पूँजीवादी गतिविधि से समाज में विषम जीवन–व्यवस्था का विस्तार होता है। पूँजीवाद इस प्रकार प्रकृति और मानव की चेतना को प्रदूषित करता है जो अमानवीकृत सामाजिक व्यवस्था का बीजवपन करता है। अनियन्त्रित उपयोग से मानव की सर्जनशीलता का कुण्ठित होना ख़तरनाक सामाजिक स्थिति का कारण बन जायेगा। आजकल पूँजीवाद उत्पादों के उपयोग की अवधि को कम करके बाज़ार की चीज़ों का विक्रय सुनिश्चित करता है और बाज़ार को मालों की विविधता से भर देता है। इससे उपभोग की दर पल–पल बढ़ती चली जाती है। गाँधीजी पूँजीवादी नृशंसता से परिचित थे। प्रकृति पर विजय के दुर्दांत दर्शन के साथ साम्राज्यवादी हथियार से पूरी दुनिया को छिन्न–भिन्न कर रही इस कथित विकास नीति पर तो सबसे पहले महात्मा ने ही सवाल खड़े करने शुरू किये थे। उनका कथन है–

"ईश्वर ही बचाए अगर भारत को पश्चिम की तर्ज़ पर औद्योगिकीकरण करना पड़े। एक अकेले छोटे–से द्वीप (इंग्लैण्ड) के आर्थिक साम्राज्यवाद ने आज दुनिया को ज़ंजीरों में बाँध रखा है। अगर तीस करोड़ लोगों का एक पूरा राष्ट्र वैसा ही आर्थिक दोहन शुरू करता है तो वह दुनिया को टिड्डियों की तरह ठूँठ करके छोड़ देगा।"

इस अवस्था में पूँजीवाद अपने को नवीन ढंग से पुनःसंरचित करने की कोशिश करता है। उदाहरण के लिए, आज के समय में पेट्रोलियम ईंधन के स्थान पर प्राकृतिक गैस का प्रयोग, भूतापन को कम करने के लिए सल्फ़र डाइ–ऑक्साइड का अन्तरिक्ष में छोड़ना, आवृत्ति को मज़बूत करना आदि कार्यक्रम को पूँजीवाद की विसंगतियों से मुक्ति के उपाय के रूप में प्रस्तुत किया जाता है, पर उत्पादों का आधार प्राकृतिक संसाधन है और यह संसाधन सीमित है। अतः उपभोग के आधार पर संचालित इस व्यवस्था का नाश होना एकदम अवश्यम्भावी है।

ऐसी स्थिति में सामाजिक उपयोग पर आधारित वस्तुओं के उत्पादन के नियन्त्रित होने की स्थिति आयेगी जिसमें मज़दूरों का समेकित श्रम केन्द्र में होगा। पूँजीवादी विकास ने इस संसार को कार्बन सिंक बना दिया है। इस प्रकार की प्रगति से इक्कीसवीं शताब्दी में 70 प्रतिशत पेड़–पौधे 37 प्रतिशत शुद्ध जल मछली, 28 प्रतिशत उरग, 21 प्रतिशत स्तनपायी जीव, 12 प्रतिशत पक्षी गायब हो जायेंगे। हम यह भूल जाते

हैं कि प्रकृति के ये संसाधन ही सबसे बड़ी पूँजी हैं। इसके विनाश से विकास का आधार नष्ट हो जायेगा। यह विपद स्थिति पूँजीवादी ताक़तों के विकास से उत्पन्न हुई है जो सम्पत्ति के एकाधिकार एवं एकल समाज का समर्थन करती है। यह अपने आप में प्रकृति विरोधी, मानव विरोधी एवं जीवन विरोधी है। इसका प्रतिरोध समाजवादी पर्यावरणवाद करता है।

फिलिफ सट्टन कहते हैं—"पर्यावरणीय स्त्रीवादी चिन्तन का आधार यह है कि जिस प्रकार पितृसत्ता की ताक़तें स्त्री की नैसर्गिकता को अपदस्थ करती हैं, उसी प्रकार प्रकृति की नैसर्गिकता और सन्तुलन के नष्ट होने में पितृसत्ता ज़िम्मेदार है।" क्रिस्टोफर चाप्ले कहते हैं कि "अन्य जानवरों की भाँति स्त्री को भी पुरुष ने अपने वश में कर लिया।" स्त्री और प्रकृति सृजन की ताक़त रखती है। अतएव, स्त्री प्रकृति के साथ जैव–सम्बन्ध स्थापित कर सकती है। आज पूँजी के अतिशय विस्तार तथा विज्ञान एवं तकनीकी के विकास के परिणामस्वरूप प्रकृति का शोषण आसान हो गया है। वैश्वीकरण पर शीतांशु की टिप्पणी देखिए–

"इस तरह वैश्वीकरण वस्तुतः आर्थिक रूप से क्षमतावान शक्तियों द्वारा विश्व राजनीति, सभ्यताओं और संस्कृतियों को अपनी आर्थिक ज़रूरतों के हिसाब से अपनी सामरिक शक्ति का विस्तार कर सूचना और संचार क्रान्ति के आधुनिक माध्यमों का आवरण लेकर नियन्त्रित कर लेने की परिघटना है।"

इससे प्रकृति की बहुस्वरता अप्रत्यक्ष होती जा रही है, स्त्री का जीवन विपद स्थिति में पहुँचता जा रहा है। स्त्री के जीवन के आधार नष्ट होते जा रहे हैं, अपने बच्चों की परवरिश में औरतें दिक्कतें महसूस कर रही हैं। साथ ही साथ पूँजीपतियों के आर्थिक आतंक के शिकार की वजह से अपनी मिट्टी से उन्हें विस्थापित होना पड़ता है जिससे दो जून की रोटी जुटाना भी आज की औरत के लिए कठिन–सा हो गया है। अपने जन्म–स्थान से हटने के लिए मज़बूर औरत के जीवन का स्वाभाविक विकास नहीं होता, वह समाज से हाशिएकृत होने के लिए विवश होती जा रही है। वर्तमान विकास पर सर्वोच्च न्यायालय की टिप्पणी सबकी आँखें खोलने वाली है। माननीय सर्वोच्च न्यायालय ने भूमण्डलीकृत विकास के नमूने को 'विकास का आतंकवाद' कहा है।

ऐतिहासिक अध्ययन से विदित होता है कि पर्यावरणीय स्त्रीवाद वास्तव में गहन परिस्थिति के प्रभाव से प्रेरणा ग्रहण कर आया है। इनका मानना है कि संसाधन का नाश, पर्यावरण का नाश, वन नाशीकरण आदि का सीधा प्रभाव स्त्री पर पड़ता है। इसी से स्त्री के स्वास्थ्य का स्तर बदतर होता चला जाता है। इसका प्रभाव बच्चों पर पड़ता है। जिस प्रकार मिट्टी तथा जंगली जानवरों को अपने वश में करते हुए पुरुष अपने स्वार्थ की पूर्ति हेतु इस्तेमाल करता है उसी प्रकार स्त्री को भी अपने वश में करने की यन्त्रणा पुरुष की ओर से हुई है। परिवार नियोजन तक में पुरुषों का एकाधिकार है, ज़्यादातर स्त्रियों को इसका फल भुगतना पड़ता है। परिवार नियोजन से बड़े परिवार की तुलना में छोटे परिवार को बाज़ार में निवेश करने का अवसर प्राप्त होता है। यह भी एक प्रकार से पूँजीवादी साज़िश ही है। हमारे इर्द–गिर्द विकास का जो चक्र घूम रहा है वह पुरुषों के हितों का ही संरक्षण करता है।

इस आन्दोलन को वैचारिक आधार प्रदान करने में मेरी डाली (गैन इकोलॉजी), रोस मेरी रोतेस (न्यू वुमन एण्ड अर्थ), सूसन ग्रिफिन (वुमन एण्ड नेचर) का योगदान उल्लेखनीय है। पर्यावरणीय स्त्रीवाद का प्रथम प्रयोग तो फ्रांस की महिला फ्रांकाइस द यूबोन ने किया, और पर्यावरण और स्त्री जीवन के विविध आयामों पर विचार किया। इन सबकी वैचारिकता के मूल में पितृसत्ता पर प्रहार है, प्रकृति व स्त्री पर की जाने वाली सत्तात्मकता का विरोध है। इसलिए प्रकृति एवं स्त्री की मुक्ति के लिए, स्त्री एवं प्रकृति की जैविकता को सुरक्षित रखने के लिए पितृसत्ता का प्रतिरोध एकदम अनिवार्य है। इसकी अनेक अन्तर्धाराएँ हैं। सांस्कृतिक स्त्री पर्यावरणवाद श्रेणीबद्धता का विरोध करता है तथा यह स्वीकार करता है कि ज्ञान–विज्ञान के विकास ने स्त्री की स्थिति को और कमज़ोर कर दिया है। यह धारा स्त्री एवं प्रकृति की सचेतनता को पहचानती है, पर अन्त में आध्यात्मिकता में प्रवेश कर तुष्टि पा लेती है। सामाजिक पर्यावरणीय स्त्रीवाद तो नैतिक एवं भौतिक शिकंजे से प्रकृति एवं स्त्री की मुक्ति का समर्थन करता है। एक प्रकार से स्त्री–पुरुष की समानता के बल पर मुक्त भागीदारी का पक्ष लेता है। समाजवादी पर्यावरणीय स्त्रीवाद आर्थिक सम्बन्धों के बदलाव की माँग करता है। जब प्राकृतिक संसाधन बिकाऊ बन जाता

है तो स्त्री प्रताड़ित होती है। आजकल पानी, ईंधन, खाद्य की कमी बढ़ती जा रही है। आगे का युद्ध जीवन की बुनियादी ज़रूरतों के लिए है। युद्ध की विभीषिका का भी असर स्त्रियों पर ही पड़ता है। राजेन्द्र सिंह ने ठीक ही कहा है—

"इक्कीसवीं सदी विश्व जलयुद्ध की सदी है। इसमें खेती और उद्योगों के बीच, गाँव और शहरों के बीच तथा गरीब और अमीर के बीच लड़ाई–झगड़े बढ़ेंगे। गाँव से पलायन और शहरों में बढ़ते जन दबाव के बीच जल की ज़रूरत पूरी करना कठिन होगा। तब जल बाज़ार बनेगा। जल व्यापार ही जल लूट को बढ़ायेगा। जल की लूट ही जल युद्ध में बदलेगी।"

यह सही है कि इस विभीषिकामय युद्ध में जीवन की धारा ज़रूर अवरुद्ध हो जायेगी। पी.वी. विजयन इसी गम को अपनी कलम की नोंक में भरकर कहते हैं कि नदी को बहने दो। कवि पहचानता है कि यह चुप रहने का नहीं, सच बोलने का वक़्त है। आजकल विकास के सिरफिरे नारे लगाए जाते हैं। नदी की धारा बदली जाती है, उस पर बाँध बाँधा जाता है। कवि के लिए नदी पानी का बहाव नहीं, जीवन का ही बहाव है, संस्कृति का बहाव है। कवि के यहाँ नदी शब्द नवीन भाव राशियों के साथ उपस्थित होता है। कवि का कथन है कि नदी का बहना उसका जीना है। उसी बहाव में जीवन की निरन्तरता है। यह निरन्तरता जीवन का लक्षण है। कवि अजैविक वस्तु में भी जैविकता का दर्शन करता है। प्रकृति के कण–कण में प्रसारित जैविकता ही जीवन की हरियाली का रूप धारण कर हमारे सामने प्रत्यक्ष होती है।

कवि की बेबसी यही है–

*क्या यह धरती पहले जैसी*
*मरकत हरितिम नहीं बनेगी?*
*क्या यह हवा पहले जैसी*
*ख़ुशबू नहीं बाँटेगी?*

**—पी.वी. विजयन**

यह सही है कि नियोन बल्ब की रोशनी का विकास असल विकास नहीं है। मानव अपनी भौतिक सीमाओं को दूर करता चला जाता है, पर आन्तरिक सृष्टि से शुष्क होता चला जाता है। आन्तरिक शुष्कता

अपने आप में जानवर होना ही है, जीवन को नरक बनाना ही है। इसलिए प्रकृति के विरुद्ध होने वाले, मानव को अमानवीय बनाने वाले, अन्याय की बढ़ती क्रूरता के ख़िलाफ़ भिड़ना—आवाज़ उठाना संवेदनशील व्यक्ति की पहचान बन जाती है। कवि की भाषा में—

*याद रखो/कि अन्याय के ख़िलाफ़*
*आवाज़ उठाना/संवेदनशील*
*जनपक्षधर/साहस मानव की/पहचान है।*

**—पी.वी. विजयन**

# पर्यावरण और समकालीन हिन्दी कविता

*श्रेष्ठ लेखन का मूलार्थ कालजयी, चिरन्तन, अभिव्यक्तिपूर्ण चिन्तना से है, जो मानव को उसके आत्मगौरव अभ्युत्थान से जोड़कर पूर्णत्व की दिशा की ओर अभिप्रेत करता है।*

**—चक्रधर नलिन**

समकालीनता काल के साथ अभिन्न सम्पृक्ति का दावा करती है। जिस कालखण्ड के भीतर हम साँस लेते हैं उसको पहचानने में व्यक्ति की समकालीनता है। वर्तमान कवि असल में काल की स्थिति–दुःस्थिति को परखता है और उसके लिए ज़िम्मेदार शक्तियों के ख़िलाफ़ सतत संघर्ष का मार्ग अपनाता है, साथ ही नवीन विकल्पों की तलाश करता है। साथ ही समकालीन कवि का यह संघर्ष आदमी की आदमीयत को बचाने का संघर्ष है। कुमार विमल का कथन है—"मैं आदमी बनकर जीना चाहता हूँ।" इसका तात्पर्य यह है कि हमारे इर्द–गिर्द ऐसी व्यवस्था चक्कर काट रही है जो आज के मानव को मानव के रूप में रहने नहीं देती है। वह एक ऐसी व्यवस्था है जो मानव को अस्वतन्त्र, असंवेदनशील, अमानवीय बनाने में समर्थ होती है। व्यवस्था सन्दूक और बन्दूक की सहायता से अपना काम आगे बढ़ाती है। गति के अनुरूप आगे बढ़ना कवि का काम नहीं, गति के ख़िलाफ़ तैरना ही कवि का काम है। समकालीन कवि द्वीप की भाँति जीवन के प्रवाह के बीच खड़ा होता है और ज़िन्दगी की गति को नियन्त्रित करता है, दीपस्तम्भ की भाँति आगे खड़ी आफ़तों और अड़चनों को दर्शाता है। आज के कवि शब्द के अन्तर्निहित अर्थ की अनगिनत सम्भावनाओं को उद्घाटित करता है। अनुभूति की अस्वतन्त्रता को वह स्वतन्त्र रूप में प्रकट करता है। शब्द कवि की स्वतन्त्रता है। जैसे आखेटक की

स्वतन्त्रता उसका बाण है। समकालीन कवि की भाषा काल्पनिक नहीं हो सकती, उसकी ऊबड़–खाबड़ता कवि की नहीं है, बल्कि व्यवस्था की है। आजकल व्यवस्था रूपी पत्थर को तोड़ने के लिए कवि की क़लम को हथौड़े का रूप धारण करना पड़ता है।

हाँ, समकालीन कविता एक प्रहरी है, वह अमानवीयता का प्रतिरोध करती है। कविता जीवन का हस्तक्षेप है। विनय विश्वास का कथन है—"वह (कविता) मनुष्य के विवेक को जगाती है, जगाए रखती है। जागरूकता बढ़ाती है। जागृत विवेक के कारण मानव परिस्थिति का ख़िलौना बनने से बच जाता है।" कविता वर्तमान तक सीमित नहीं, वह सम्पूर्ण काल की परख करती है, एकता के बन्धन में बाँध देती है। कवींद्र रवींद्र का कथन है—"सहित शब्द से साहित्य की सिद्धि हुई है। अतएव, धातुगत अर्थ करने पर साहित्य शब्द में मिलन का एक भाव दृष्टिगोचर होता है। वह न केवल भाव का भाव के साथ, भाषा का भाषा के साथ, ग्रन्थ के साथ ग्रन्थ का मिलन है। प्रत्युत मनुष्य का मनुष्य के साथ, मनुष्य के अतीत के साथ वर्तमान का और दूर के साथ निकट का मिलन है।" इससे विचारों का मिलन होता है जिससे मानव की सांस्कृतिक संरचना बदलती रहती है। संवेदना के विस्तार एवं परिष्कार का रहस्य यही है। यही मानवता की अमरता का प्रमाण है। कविता में अमृत्व प्रदान करने की क्षमता है। इसलिए गुप्तजी कहते हैं—"मृत जनता को कवि जिलाते/रससुधा के योग से।" कविता से जीवन के यथार्थ का विस्तार होता है, नवीन अनुभव अभ्यंतरीकृत हो जाते हैं। प्रसाद का कथन देखिए—"अन्धकार का आलोक से, असत का सत से, जड़ का चेतन से, बाह्य का अन्तर्जगत से सम्बन्ध कौन कराती है? कविता ही न।"

समकालीन कवि अस्तित्व की तलाश में तल्लीन होता है। विचारों, समस्याओं व चुनौतियों के चौराहे पर खड़े होकर कवि कभी–कभार बौख़लाहट का शिकार हो जाता है, फिर भी अपने समय के साथ नाता जोड़कर परिवेशगत सच्चाई को पारिभाषित करने में ही जीवन की मूल्यवत्ता को स्वीकार करता है। अंगारों के ऊपर चलकर वह स्वर्णिम भविष्य की झाँकी समाज को दर्शाता है। समकालीन कवि अपने वैयक्तिक दायरे से निकलकर यानी व्यक्तिवाद के चंगुल से निकलकर सामाजिकता में अपना विशिष्ट स्थान बना लेता है। कविता के इसी

मोड़ को समकालीन कविता की पहचान के रूप में स्वीकार किया जा सकता है। समकालीन कवि आज की पीढ़ी को क्रान्ति का मन्त्र नहीं प्रदान करता, न यथास्थितिवाद का जाली नक़्शा दिखाता है। अपने भुक्तयुगीन सत्य को वाणीबद्ध करते हुए अपनी सामाजिक अवस्थिति को व्यक्त करने की कोशिश अपने फ़र्ज़ के रूप में वह स्वीकार करता है। कविता वास्तव में युग सन्दर्भों की देन कही जा सकती है। समय के साथ जीने का तरीका ही समसामयिकता है। इस संज्ञा के अन्तर्गत असल में वर्तमानता की निकट अनुभूति के अलावा अतीत एवं भविष्य की विवेकपूर्ण सम्मति का भाव भी अन्तर्निहित है। कवि या कविता की समकालीनता वर्तमान की चुनौतियों के बीच अपनी प्रासंगिकता सिद्ध करने में है। अशोक वाजपेयी के अनुसार, जो मनुष्य के तात्कालिक सन्दर्भ तक सीमित रह जाते हैं, वे समकालीन होते हैं, आधुनिक नहीं। युग सन्दर्भों में प्रासंगिक होने में समकालीनता की सार्थकता है। युग और आँखों के सामने प्रत्यक्ष समाज की भंगिमाओं को बेनकाब करते हुए, एक हद तक जीवन की विविधता में मानव की अपराजेयता का ऐलान वर्तमान कवि करता है। वर्तमान स्थिति के साथ एक प्रकार की सचेतनता और जागरूकता समकालीन कवि की ख़ासियत है। अपने आस–पास की ज़िन्दगी की समझ को स्वतन्त्र रूप से सिद्धान्तबद्ध करने के बजाय नवीन जीवनानुभवों का उद्‌घाटन वर्तमान में खड़े होकर कलाकार करता रहता है। उनका यह काम ज़रूर रेत से पानी निकालने के बराबर है। अत्याचार, अन्याय, अनाचार, भ्रष्टाचार, कूट राजनीति, आतंक, विध्वंस, साम्प्रदायिकता, अनुशासनहीनता, मूल्यहीनता, विघटन, पर्यावरणीय अपभ्रंश आदि वर्तमान के विभिन्न नज़ारे हैं। अपनी अभिव्यक्ति की सफलता के लिए किसी वाद विशेष की सम्पृक्ति को वर्तमान कलाकार आवश्यक नहीं मानता। व्यंग्य, मिथ आदि का सहारा लेते हुए बोल–चाल की भाषा के ऊबड़–खाबड़ रूपों की सहायता से भाषा की अभिजात्यता को तहस–नहस करते हुए सपाटबयानी की अधिकता के रहते हुए भी समकालीन कवि नवीन जीवन्तता प्रदान करने हेतु अमृत के छींटे छिड़काने में तल्लीन होता है।

समकालीन कविता का श्रीगणेश करीब 1960 में माना जाता है। 1962 का भारत–चीन युद्ध एक ऐसी घटना है जिसने तत्कालीन कवियों को सम्पूर्ण मायने में झकझोर दिया था। इसमें कोई सन्देह

नहीं कि घटनाओं के घात–प्रतिघात से कविताओं के आन्तरिक एवं बाह्य नक़्शे बदलते रहते हैं। अपने समय की जटिलता एवं अन्तर्द्वन्द्वों की टकराहट से नवीन जीवन मूल्यों की प्रतिस्थापना हेतु ज़मीन तैयार करने का साहस भरा कार्य वर्तमान कवि की वाणी में निहित है। अतः समकालीन कविता का वाचन अवश्य समाज के सटीक वाचन के बिना असम्भव हो जाता है। काव्य भाषा की संरचना की पेंचीदगी या पारायण की कड़वाहट तो ज़िन्दगी की पेंचीदा स्थिति का अन्जाम है। अतीतोन्मुख वैभव या रागात्मकता के साथ आज की कविता का कोई सरोकार नहीं, लेकिन उसका सीधा वास्ता काल के साथ है, व्यक्ति विशेष के कालयापन के साथ है तथा अपनी आँखों के सामने प्रत्यक्ष कालखण्ड से है। कविता का यह सम्बन्ध आज़ादी के पश्चात प्रारम्भ हुआ है। विकासशील देश की असफलता, विद्रोह, आक्रोश समकालीन कविता में आद्योपांत मुखरित हुए हैं। आधुनिक मानव के अवसाद और रोज़मर्रा की ज़िन्दगी को समकालीन कविता ने नयी दिशा अवश्य प्रदान की है। अतः समकालीनता तो व्यापक आयाम को सूचित करने वाला अभिधान है जो काल के साथ सक्रिय सम्बन्ध की माँग करता है। आज के ज़माने में पूँजीवाद, उपभोग संस्कृति, महाजनी सभ्यता का बहुत दबाव है। मानव की ज़िन्दगी को अपदस्थ करने वाली सामाजिक सच्चाइयाँ अपने सिर उठाने लगी हैं। मानव के पैरों के नीचे की नदी सूख–सूख कर पत्थर होती जा रही है, प्राण वायु में आग की गर्मी घुसने लगी है, पीने के पानी में जीवन के रंगों को मिटा देने वाली रासायनिक पदार्थों की भरमार है, मानव की जैविक अवस्थिति पर सवाल के साँप फन फैलाये नाच रहे हैं। ऐसे में गाँव एवं परिस्थिति को ख़तरा पहुँचाने वाली भौतिक परिस्थितियों का लेखा–जोखा वर्तमान कविता का मुख्य कलेवर बनता जा रहा है।

'पूँजीवाद के विकास से दुनिया पूरी बदल गयी है। उसने एक ओर राष्ट्र का रूप ही निर्धारित नहीं किया, उसके भीतर घुसकर अपने वाणिज्य एवं व्यापार की स्वतन्त्रता को राष्ट्र की नीतियों में तब्दीली करके सुनिश्चित भी किया।' पूँजीवादी धनाधृत व्यवस्था में सब लोग धन के पीछे भाग रहे हैं। उमेश चौहान का कथन है, "उन्हीं के हाथों में कबूतर थे / उन्हीं के जेबों में दाने थे। यहाँ तो दाने पैसे हैं तो कबूतर विश्व के विभिन्न राष्ट्र हैं। बाज़ारी व्यवस्था में सब बिकाऊ चीज़ें हैं।

जो बिकाऊ है, वही टिकाऊ है। बाज़ार बढ़ते–बढ़ते घर भी बाज़ार बन जाता है। वस्तुकरण एवं बाज़ारीकरण के ज़माने में घर बाज़ार है।'' कवि सुधांशु उपाध्याय की भाषा में, ''घर में इतनी चीज़ें हैं/इन चीज़ों में घर कहाँ गया?'' अनिता वर्मा की पँक्तियाँ देखिए—''आप बाज़ार न जाये तो घर बाज़ार है।'' इस बाज़ार में मानव को गुलाम बना दिया जाता है। बाज़ार की स्वतन्त्रता बाज़ार में उपलब्ध वस्तुओं में केवल चयन करने की स्वतन्त्रता है। यह अवसर ख़रीद की ताक़त से वंचित आम इंसान को प्राप्त नहीं होता है। अन्तर्राष्ट्रीय कम्पनियों के मालों को ख़रीदने एवं इस्तेमाल करने के लिए हम विवश होते जा रहे हैं। आर्थिक ताक़तों के सामने सिर झुकाकर जीने के लिए आज का व्यक्ति विवश है। यहाँ तक कि हमारी भाषा भी हम से नष्ट होती जा रही है। वित्त से त्रस्त जनता की विवशता की झाँकी विनय दुबे की कविता में मुखरित है–

*लाओ एक किलो चावल, दो किलो आटा एक पैकेट*
*टाटा नमक और एक माचिस मुझे उधार दो*
*और मेरे खाते में लिख लो*
*मैं वर्ल्ड बैंक की शर्तों के मुताबिक़*
*साँस लेने को तैयार हूँ।*

''पूँजीवाद चीज़ों के सामूहिक उपयोग का विरोध करता है। संयुक्त परिवार का विघटन व अणु परिवार की स्थापना से उपभोग को बढ़ावा मिला है। व्यक्ति की सफलता एवं सुविधा प्रगति का मापदण्ड बन गया है। अपनी सुविधा के लिए प्रकृति और पर्यावरण को ध्वस्त करने के लिए हम सन्नद्ध हो गये हैं। अपनी सुविधा के लिए हम पहाड़ को पहाड़ी बना देते हैं। कारखाने से निकलते विषैले धुएँ नागिन से आसमान में फन फैलाए नाचते हैं। आसमान की नीरवता गायब हो चुकी है। मॉडर्न बनाने की कामना में हम समस्त वैभव को लूटते हैं। लालच जीवन का पर्याय बन गया है। लालच के पंजे से बाहर निकलना कठिन काम है। राजकिशोर की कविता इसका प्रमाण है—''लालच के दरवाज़े को/धकेल देने के बाद/पीछे मुड़कर जाने के लिए/असाधारण धीरता की ज़रूरत है।''

समझौते, करार, युद्ध, दंगे, विध्वंस, प्रगति, औद्योगिकीकरण के नाम पर पूँजीवाद अपना शोषण तन्त्र चलाता है। चार रुपए का आँवला

एक सौ रुपए में बिकता है, पेटेंट के नाम पर हमारी प्राकृतिक सम्पत्ति पर पूँजीवाद अपनी धाक जमाता है। इसके लिए मीडिया एवं विज्ञापन के माध्यम से अपने षड्यन्त्र का जाल बिछाता रहता है। मीडिया तो बाज़ार का सांस्कृतिक दूत है। मानव के विवेक पर आधिपत्य स्थापित करने के लिए आँखें चौंधियाने वाले विज्ञापन का ख़ूब सहारा लिया जाता है। मानव के मन में हीनता ग्रंथि उत्पन्न कर सौन्दर्यवर्धक मालों का बाज़ार खड़ा किया जाता है। वस्तु को सक्रिय बनाने के लिए विवेक को निष्क्रिय बनाया जाता है। ऐसे में कभी–कभी आदमी का जलना भी करियर व मनोरंजन का माध्यम बन जाता है। विभिन्न माध्यमों के रूप में आदमी को व्यस्त बनाकर बाज़ार में घुमाया जाता है। ई–मेल, एस.एम.एस, विज्ञापन, मनोरंजन कार्यक्रम आदि में दिन भर डुबोकर मानसिक एवं शारीरिक दृष्टि से मनुष्य को अस्वस्थ और दास बनाया जाता है। वे प्रत्यक्ष एवं अप्रत्यक्ष रूप से मन–मस्तिष्क पर आतंक पैदाकर हमारी जीभ खींच लेते हैं। विश्वनाथ प्रसाद तिवारी की भाषा में—"वे चाहते हैं/हमारी ज़बान काट लेना/ताकि वे हमारे साथ/गुनाह करते रहे/और हम चीख़ भी न सकें।" बिना किसी चीख़ के हम बाज़ार की पसन्द के अनुरूप अपनी पसन्द तय करते हैं। आज की इस विषम स्थिति में हम कुछ भी नहीं कर पाते। सत्ता पूँछ सिकोड़कर पूँजीपतियों के पैर चाटती है और सपाट विध्वंस की रंगभूमि तैयार करती है। नरेश सक्सेना शोषण की भीषणता का पर्दाफ़ाश करते हुए कहते हैं—"नक़्शे में जंगल हैं, पेड़ नहीं/नक़्शे में नदियाँ हैं, पानी नहीं/नक़्शे में पहाड़ हैं, पत्थर नहीं/नक़्शे में देश हैं, लोग नहीं।" कुमार विमल पूँजीवादी संस्कृति के परिणाम पर लिखते हैं—"हम इतने आधुनिक हैं/कि बर्बर हैं/वे इतने विकसित हैं/कि लुटेरे हैं/वे इतने लोकतान्त्रिक हैं/कि जंगली हैं।" इस बर्बर, लुटेरी जंगली संस्कृति से मुक्ति कब मिलेगी। हिंसा के नाखून एकदम बढ़ गये हैं। प्रेमरंजन अनिमेश की पँक्तियों में बर्बरता की पोल खुल जाती है—"नींद में काट रहा हूँ/एक बच्चे के नाखून/इस दुनिया के नाखून भी/बहुत बढ़ गये हैं/लेकिन इसे नींद कहाँ।" हाँ, हमारे जागने का वक़्त आ गया है, एक बार फिर जगाने का वक़्त आ गया है। यह सच है कि कविता की अनश्वरता मानव की अनश्वरता है। कविता का जागरण मानवता का जागरण है। आत्मसत्य की लयात्मक

अनुभूति से समकालीन कविता इस जागरण को सम्भव बनाती है। जिस शैतान से यानी अमानवीय मूल्यों से हमारा सम्बन्ध बैठ गया है, उसे तोड़ने का सही वक़्त यही है। जिस जीवन के क्षण में मानव का श्रम गल रहा है, हमें भूलना नहीं चाहिए कि श्रम ही पहली कविता है, वही मानव के जीवन को संवारने वाला है, वही मानवीयता का निचोड़ है। उदयकुमार शर्मा के शब्दों में—"पशु को मनुष्य बनाया था इन दोनों हाथों ने/पत्थर तोड़कर गीत/संहत श्रम से वसुंधरा की पहली कविता।" श्रम से मानव के अपदस्थ होते जाने के भीषण समय में कवि कविता नहीं लिखता, मानवीयता को बचाने का घोंसला बनाता है। जीने का पर्यावरण मानवता ही तैयार करती है—

*भयानक समय में कवि नहीं लिखता कविता*
*वह बनाता है घोंसले/जहाँ बचाई जा सके मनुष्यता*
*सुरक्षित रह सकें सपने/छोटी–छोटी खुशियों के बीज*
*हिम्मत–हौसला और उम्मीद की गुदड़ी।*

**—कुमार कृष्ण**

प्रकृति मानव की साँस है। समकालीन ज़िन्दगी के यथार्थ के आलोक में मानव प्रकृति के साथ नैसर्गिक–शाश्वत सम्बन्ध को हस्तगत करने की कोशिश में लगा हुआ है। मलयालम की प्रसिद्ध कवयित्री सुगतकुमारी पूछती हैं—"एक पेड़ के पतन की कीमत क्या?/एक चिड़िया के रुदन की कीमत क्या?" प्रकृति के स्नेहिल सम्बन्धों से आज का मानव मुक्त हो गया और वह प्रकृति को डाकू की तरह या शिकारी की तरह लूट रहा है। वैश्वीकृत, मण्डीकृत, औपनिवेशिक पूँजीवादी व्यवस्था ही इसके लिए ज़िम्मेदार है। भूमण्डलीकरण एक आर्थिक प्रतिभास है। इसमें पूँजी का मुक्त प्रवाह है, पूँजी का आधिपत्य है। वह राष्ट्र की संस्कृति, आर्थिक नीति आदि सब पर हावी हो जाता है। इसका प्रभाव जीवन के विविध आयामों पर पड़ता है। इस अर्थव्यवस्था को खुली या मुक्त व्यवस्था की संज्ञा दी जा सकती है। फ्रेडरिक जेयिंसन जैसे विद्वान भूमण्डलीकरण की प्रक्रिया के पाँच चरम स्वीकार करते हैं—तकनीकी, राजनीतिक, आर्थिक, सामाजिक, सांस्कृतिक। इससे व्यक्त होता है कि भूमण्डलीकरण जीवन के विभिन्न पक्षों को प्रभावित करने में सक्षम है। अर्थ का पेंचीदा सम्बन्ध भूमण्डलीकृत सामाजिक जीवन को दुष्कर बनाता है। इसका आधार बाज़ार है और उसका चरम मूल्य धन है।

बारीकी से विश्लेषित करने पर अवगत होता है कि भूमण्डलीकरण और साम्राज्यवाद में कोई खास अन्तर नहीं। साम्राज्यवाद पूँजीवाद का विकसित रूप है। यह एक प्रकार से उपनिवेशवादी व्यवस्था का बढ़ावा है। पूँजी पर आधारित वर्तमान आर्थिक व्यवस्था में अर्थ की व्यक्ति में केन्द्रित होने की प्रवृत्ति है। अतः स्वाभाविक रूप से भूमण्डलीकरण असन्तुलन का बीजारोपण करता है। यह असन्तुलन समाज–विरोधी है, समता विरोधी है। सम्पत्ति का सन्तुलित वितरण स्वस्थ सामाजिक व्यवस्था का बुनियादी तत्व है। असन्तुलित धन का वितरण सामाजिक वैषम्य का कारण बन जाता है। अतः भूमण्डलीकृत पूँजीवादी व्यवस्था अपने आप में नाशोन्मुख है। इस व्यवस्था में केवल सीमित धनवर्ग का हित संरक्षण होता है।

भूमण्डलीकृत व्यवस्था में मानव की सर्जनात्मकता एवं प्रकृति की बहुलता जब नष्ट हो जाती है तब सांस्कृतिक जीवन की विविधता गायब हो जाती है। इससे जीवन में एकरसता की वृद्धि हो जाती है। बाज़ार की व्यापकता के परिणामस्वरूप प्रकृति का वैविध्य कम होता जा रहा है। मण्डलीकृत व्यवस्था तो उत्पादों की बहुलता पर सुदृढ़ है। समस्त औद्योगिक उत्पाद का प्रत्यक्ष एवं परोक्ष आधार प्रकृति है। मण्डी के विकास के उसी अनुपात में प्रकृति का नाश होता रहता है। मानव के असीम लालच के संसाधन प्रकृति में नहीं। प्रकृति का अपना अलग जैविक अस्तित्व है। इस जैविक अस्तित्व का दोहन पर्यावरण संकट के मूल में कार्यरत है। आजकल चतुर्दिशाओं से स्थायी विकास की चर्चा शुरू हुई है। इने–गिने लोग भौतिक विकास के चकाचौंध से आप्लावित होकर भूमण्डलीकरण की वाहवाही करते हैं, लेकिन हम यह नहीं पहचानते हैं कि हज़ारों की तादाद में रोज़गार के अवसर बढ़े, साथ ही साथ उसी अनुपात में परम्परागत नौकर के अवसर नष्ट भी हुए। एक ओर जीवन की गुणवत्ता की चर्चा होती है तो दूसरी ओर मानव की मानवीयता अप्रत्यक्ष होती जा रही है। शिक्षा का विस्तार ज़रूर हुआ, पर आत्मा नष्ट हुई। इस व्यवस्था में मानव का महत्त्व कम होता चला जाता है, प्रकृति की नैसर्गिकता हड़प ली जाती है। आज का संवेदनशील मन यह पहचानता है कि मण्डी व्यक्ति की विजय को समारोहपूर्वक मनाती है। उदारीकृत अर्थव्यवस्था के माध्यम से पूँजीवाद राष्ट्र की सीमाओं को पार कर अपने स्वार्थ का जाल

बिछाता है। मेरा कहने का तात्पर्य यह है कि पूँजीवादी आर्थिक नीति में बाज़ार के विस्तार की साज़िश है जो उत्पादों की बिक्री पर बल देता है। ऐसी एक व्यवस्था में व्यक्ति की महता का आधार धन बन जाता है, उपभोग बन जाता है। बाज़ारीकृत व्यवस्था का मूलमन्त्र यही है। कम मजूरी से लाभ को दुगुना किया जा सकता है। आउटसोर्सिंग के माध्यम से मुनाफ़े का इज़ाफ़ा किया जाता है। इसके लिए उत्पादन व्यवस्था में आवश्यक तब्दीली उदारीकरण करता रहता है। सीमातीत उपभोग की सम्भावना ही उदारीकरण का लक्षण है। आजकल इसकी व्यापकता के परिणामस्वरूप मज़दूरों के अधिकारों का तिरस्कार देखने को मिलता है। मूल्य–निर्धारण सम्बन्धी राष्ट्र के नियन्त्रणों का परित्याग आज स्वाभाविक बन गया है। उत्पादों की मुक्त यात्रा, सेवा के क्षेत्रों से सरकार की वापसी, निजी क्षेत्र में पूँजी निवेश का प्रोत्साहन आदि की वजह से मण्डलीकृत माहौल में धन का प्रभुत्व हो गया जो जीवन को बहुविध ढंग से रूपांतरित करता रहता है। जीवन के विभिन्न आयामों से सामान्य उपभोग की संस्कृति विलीन होती जा रही है तथा जीवन का सार्वजनिक स्थान नष्ट होता जा रहा है। सार्वजनिक परिवहन व्यवस्था, संयुक्त पारिवारिक व्यवस्था, सार्वजनिक बैंकिंग व्यवस्था का महत्त्व कम होता जा रहा है। पूँजीवाद, उदारीकरण, उपनिवेशवाद एक ही शैतान के विभिन्न चेहरे हैं। इसके पीछे शोषण है, षड्यन्त्र है, युद्ध है, साज़िश है, शहरीकरण है, बाज़ारीकरण है। इसके फलस्वरूप अमानवीयता का विस्तार सर्वत्र देखने को मिलता है। ऐसे में कविता का काम इस अमानवीयता के विस्तार का निराकरण है। अतएव, जितेन्द्र श्रीवास्तव कविता की वर्तमान उपयोगिता पर विचार करते हुए लिखते हैं—"कविता नींद की गोली नहीं, / जागरण का मन्त्र होती है।" तिलकराज शर्मा का कथन है—"इस लौकिक जगत में समस्त धर्मों, दर्शनों, संस्कृतियों और ज्ञान–विज्ञान के साधनों का एक लक्ष्य मानव का हित करना है। अविवेक और अज्ञान के कारण आसुरी प्रवृत्तियों से परिचालित मानव इन्सानियत की राह त्याग कर दानवता के पथ का पथिक बन जाया करता है और विश्व में विनाश के बीज बोता है। मानव से दानव बने इन्सान को फिर से मानवता की ओर ले जाने में साहित्य और साहित्यकार ही एकमात्र सार्थक एवं सफल माध्यम होते हैं।"

पूँजीवाद से उभरी वस्तुओं के आधिपत्य को नकारने के लिए विवेक की सख़्त ज़रूरत है। इस आधिपत्य को जमाने के लिए युद्धों का नाटक रचा जाता है, कभी कपटी सन्धियों की कामदी रची जाती है। अन्तर्राष्ट्रीय करारों के नाम पर प्राकृतिक संसाधनों पर अपना नियन्त्रण स्थापित करने की हज़ार हज़ार साज़िशें जारी हैं। उनके लिए प्रकृति माँ नहीं रह गयी है, वह मिट्टी का अपार्थिव ढेर मात्र रह गयी है। इस प्रकार दहाड़ते नाना प्रकार के पर्यावरणीय आतंकों के बीच, फटकार कर सच बोलने वाली वर्तमान कविता जो समकालीन ज़िन्दगी के मुखौटे खोलती है तथा प्रतिरोध करती है। संजय चतुर्वेदी की कविता इसको हमारे सामने कारगर रूप में प्रस्तुत करती है–

*सारे इंसान/तन, मन, धन से जुटें*
*तो शायद यहाँ दुनिया ग्लोबलाइज़ हो सके*
*बेईमान बंखारे ने/इंसानों को किसी एक काम में जुटने नहीं दिया*
*दुनिया नहीं बदली/क्योंकि मोहल्ले नहीं बदले*
*जब आधे से ज़्यादा लोग/आपदाओं और अघोषित युद्धों में फँसे हों*
*ग्लोबलाइज़ेशन सिर्फ़ मुट्ठी भर लोगों का हो सकता है*
*और वह भी क्या होगा/उसके आश्वस्त लगते गुरुओं को भी पता है*
*कि दस करोड़ चूहे भी*
*दक्षिण से उत्तर को एक साथ चलना शुरू कर दें।*
*तो सबसे मज़बूत मुद्रा गिर पड़ेगी/सांख्य यदि सुर में आ जायें*
*तो दस दिन में किसी भी बाज़ार को पलट सकता है।*
*दुनिया है वही दुनिया।*

पुराने ज़माने में तो बाज़ार मानव के श्रम के आदान–प्रदान करने का स्थान था। अर्थात वहाँ एक आदमी अपने श्रम की उपज को देकर किसी दूसरे के श्रम को अपनाता था। लेकिन आजकल बाज़ार में मशीनी उत्पादों का जाल बिछा हुआ है। वहाँ तो मानव का श्रम बाज़ारी माल का रूप धारण करता है तथा उसका क्रय–विक्रय किया जाता है। बाज़ार के जाल में फँसा आदमी किसी भी हालत में बाज़ार से मुक्त

नहीं हो पाता। वह वस्तु का स्वामी बन जाता है, वस्तुओं को जुटाकर भूमण्डलीकरण को बढ़ावा देता है, वस्तु मानव के तन–मन को जर्जर कर छोड़ देती है। इस बढ़ावे से कुछ लोगों का ही फ़ायदा होता है। निर्मला गर्ग की कविता 'मॉल' इसका एक उत्तम नमूना है। यहाँ 'मॉल' पूँजी के असमान वितरण का प्रतीक है। उसके सामने पत्थर कूटती एक औरत है। प्रस्तुत कविता निराला की 'तोड़ती पत्थर' शीर्षक कविता की याद दिलाती है। कवियत्री की मंशा यही रही है कि भूमण्डलीकरण के विस्तार से एक ओर करोड़पतियों की संख्या बढ़ती चली जाती है तो दूसरी ओर गरीबी बढ़ती जाती है। इसके ख़िलाफ़ संघर्ष सत्ता के हस्तगत होने से सम्भव है। भूमण्डलीकरण असन्तुलन को पोषित करता है और वह समाज की तन्दुरुस्ती नष्ट करता है। कवियत्री पत्थर तोड़ने वाली औरत की बेटी की ओर इशारा करते हुए कहती हैं कि समाज की विषमता रूपी अँधेरे में उस लड़की की ज़िन्दगी डूब जायेगी। यह कविता तो आज के विकास के मापदण्डों पर सवालों की कतारें खड़ी करती है। आज का बाज़ार रसोईघर में घुसकर मानव की रुचियों में परिवर्तन करते हुए मानव की मूल सर्जनात्मकता पर कुठाराघात करता है। खाना–पान का सम्बन्ध भी असल में आबो–हवा से जुड़ा हुआ है। लेकिन पूँजीवाद एकशिलात्मक संस्कृति को पल्लवित कर खाद्य वैविध्य को नष्ट करता है और बाज़ारी मालों का विस्तार कर अपने व्यापार का दायरा बढ़ा रहा है। मानव के आन्तरिक एवं बाह्य जीवन को ध्वस्त करने वाली बाज़ारीकरण की साज़िश पर अपना एतराज़ जताते हुए कवि मोहन कुमार डहेरिया कहते हैं

*आओ, संगीत आओ / मेरे मस्तिष्क की कोशिकाओं को शक्तिशाली बनाओ*
*सामान्य करो मेरे शरीर के बढ़े हुए रक्तचाप को*
*कम करो देह की अकड़ी हुई माँसपेशियों का तनाव*
*पैदा करो मेरे जीभ की नष्ट हो गयी स्वाद ग्रँथियों में संवेदनशीलता*
*ठीक करो मेरी विकृत वाक्शक्ति को।*

आजकल मानव का सब कुछ उसके हाथ से कोई हथिया लेता है। आज का समुद्र मछुआरों का नहीं रहा है, आज का जंगल वहाँ रहने वाले आदिवासियों का नहीं रहा है, अपने ही गाँव में बहने वाली

नदी के पानी में उस गाँव के लोगों का कोई हक़ नहीं रहा है। सब के सब बिक्री के माल हैं। इसलिए अर्थ पर आधारित बाज़ार मानव विकास की परिकल्पना सपाट कर आगे का सफ़र कर रहा है। यदि इस संसार में हमारा अपना कुछ नहीं है तो मानव स्वप्न किसका देख सकता है? स्वप्न वास्तव में मानव की संवेदनशीलता को प्रमाणित करता है। पर आजकल कुण्ठित संवेदना का शिकार होकर मानव का मन ऊसर होने लगा है। आर्थिक आतंक फैलाने वाले आखेटकों के षड्यन्त्र की पोल खोलते हुए कवि राजेश जोशी का कथन है—

*वो मछुआरों से उनका समुद्र छीन रहे हैं*
*तटों पर तड़पती मछलियों की आँखों में*
*एक सपना पथरा रहा है/नावें किसी अनजान तट से टकराकर*
*टूट गयी है/वो जंगलों की तरफ़ आ रहे हैं*
*वो किसी जंगली जानवर का नहीं*
*हमारे सपनों का शिकार करना चाहते हैं*
*वो आखेट पर निकले हैं।*
*वो आखेट पर निकले हैं।*

यन्त्र संस्कृति शैतानी संस्कृति है। इसलिए गाँधीजी ने कहा था कि यन्त्र संस्कृति मानव को पतनोन्मुख बना देगी। मानव मुनाफ़े पर मुनाफ़ा जुटाने के लिए प्राकृतिक संसाधनों के दोहन के लिए वर्तमान काल में मशीनों का उपयोग करता है। अतिशय उपभोग का विस्तार यन्त्रों की सहायता से सरल हो गया है। मानव के लिए आवश्यक सामग्री इस धरती पर है लेकिन पिपासा की पूर्ति के साधन तो उपलब्ध नहीं। यन्त्रों के माध्यम से मानव पहाड़ों को पल भर में उड़ा सकता है, नदियों की राह बदल सकता है, पृथ्वी के गर्भ में स्थित वैभव को लूट सकता है, जंगल को जला सकता है, मिट्टी की उर्वरता को समाप्त कर सकता है। यन्त्र व उपभोग संस्कृति पर हस्तक्षेप का दूसरा नाम है, वे असभ्यता के चिह्न हैं। स्वस्थ प्रकृति मानव जीवन का आधार तत्व है। वही मानव के जीवन तथा विकास की बुनियाद है। वर्तमान काल की सभ्यता एवं ज्ञान–विज्ञान के विकास के परिणामस्वरूप पर्यावरण सन्तुलन बिगड़ गया है। आजकल मूल्य विध्वंस की चर्चा चलती है। मानव का विकास बाहरी दृष्टि से हुआ, आन्तरिक दृष्टि से नहीं हुआ है। आदमी का मशीन हो जाना हमारी नियति है। हुल्लड मुरादाबादी

के व्यंग्य बाण का तीखापन निम्नलिखित पँक्तियों में है—"हम तो फँस गये यार अमेरिका आके/भावना से हीन हो गया/आदमी मशीन हो गया/डालरों की अर्थ गौड़ है/अब हमें यकीन हो गया है।"

आज का ज़माना निजीकरण का है, बाज़ारीकरण का है। लेकिन पूँजी का एकाधिकरण हो रहा है, पूँजीपतियों व उसके समर्थक राष्ट्रों के एकाधिकार से न केवल मानव समाज त्रस्त है, बल्कि प्रकृति भी। विद्यापति गौतम इस पर विचार करते हुए कहते हैं—"यह बात गौरतलब है कि ख़ुद संयुक्त राष्ट्र की रिपोर्ट के अनुसार दुनिया के सभी देशों में अमेरिका ग्रीनहाउस गैस उत्सर्जन के लिए कुख़्यात है। परिस्थिति एवं प्रकृति को आघात पहुँचाकर ही आज की विकास यात्रा आगे बढ़ रही है। जल प्रदूषण की ज़िम्मेदारी उद्योगपतियों की स्वार्थता पर है।" ऋचा मनु का कथन है—"जल प्रदूषण की समस्या तो विकराल है जो अनेक रोगों को जन्म दे रही है। मनुष्य की असावधानी और उद्योगों से सिर्फ़ मुनाफ़ा कमाने की बड़े उद्योगपतियों की स्वार्थपरता इस समस्या को और अधिक विकराल बना देती है।" तात्पर्य यह है कि मनुष्य प्रकृति का आखेटक है, वह प्रकृति का कसाई है। प्रकृति के संसाधन पर मात्र इन कसाइयों का नहीं, सभी लोगों का समान अधिकार है।

पूँजी के वर्चस्व के परिणामस्वरूप दुनिया का नक़्शा बदल गया है। पूँजीपतियों की उँगलियों के इशारे पर राष्ट्रीय व अन्तर्राष्ट्रीय संगठनों की नीति बदलती जाती है। अपने व्यापार एवं वाणिज्य की वृद्धि के लिए वे सब कुछ करने के लिए तैयार हैं। जिसके परिणामरवरूप पलायन एवं विस्थापन का चक्र भी चलने लगा है। जीवन के बहुविध सम्बन्धों की पेंचीदगियों के बीच से टुकड़े–टुकड़े होते जा रहे सत्य को शब्दबद्ध करना आसान नहीं है। विश्वनाथ सचदेव जैसे वर्तमान पीढ़ी के कवि पूँजीपतियों के षड्यन्त्र से होने वाले युद्ध की परिणति से परिचित हैं। उनका कहना है कि "युद्ध चाहे मन में हो या मैदान में, आदमीयत मरती है।" समकालीन कवि का कथन है कि अमानवीय असमानता की तरक्की से जगत की भलाई कदापि नहीं होगी। वातानुकूलित डिब्बे में रहने से आन्तरिक दृष्टि से मानव सम्पन्न नहीं होगा। अन्तस की उदात्तता उच्चतम विचारों की सम्पन्नता से फलीभूत होती है। जीवन की ऊर्ध्वयात्रा पर अड़चनें डालने वाले हिरोशिमा–नागासाकी, अफ़गानिस्तान,

इराक़ युद्ध किसके लिए था? इसकी मूलभूत चेतना क्या थी? बाज़ार पर कब्ज़ा करने की होड़ थी। आज स्वार्थता का युद्ध जारी है। शम्भू बादल की कविता देखिए—"गोद में क्रीड़ारत जीवों की तड़पन पर/ चीख़ती समुद्री लहरों/युद्ध के माने बताओ।"

आजकल मशीनी ताक़तों की सहायता से युद्ध समस्त प्रकृति पर भीषण प्रभाव डाल रहा है। धन के हाथियों की लड़ाई से अमीरों की हानि या क्षति कभी नहीं होती। घास के नाश से गाय भूखी लौट आती है, शाम को घर पर बच्चा भूखा सो जाता है। युद्ध का परिणाम साधारण जनता पर और निरीह प्राणियों पर पड़ता है। यह लड़ाई तो प्रकृति के संसाधनों पर स्वामित्व स्थापित करने के लिए की जाने वाली है। इसके नाम कवि की राय में युद्ध, नीति, समझौता, पेटेंट आदि हो सकते हैं। इसका अन्जाम क्या निकला। उत्तर साफ़ है—पर्यावरण का सपाट ध्वंस, असंवेदनशीलता की वृद्धि, अमानवीयता का प्रचार, सामाजिक विषमताओं का विस्तार। कवि कहता है–

*...कि दुनिया में करुणा की कमी पड़ गयी है*
*इतनी कम पड़ गयी है कि करुणा की वर्षा पिघल नहीं रही*
*नदियाँ बह नहीं रहीं झरने झर नहीं रहे गायें रँभा नहीं रहीं*
*कहीं पानी का ऐसा कोई पारदर्शी टुकड़ा नहीं।*

**—भगवत रावत**

बाज़ारी संस्कृति की महत्त्वाकांक्षा लेकर जीवन चलाने से ज़िन्दगी की नींव हिल जाती है। प्रेम का नन्हा घोंसला नष्ट हो जाता है। अर्थात जीवन का आधार हिल जाता है। इसलिए हमें वाणी में तूफानी ताक़त भरनी है। उपभोग औद्योगिकीकृत एवं विकसित राष्ट्र की ज़िन्दगी का केन्द्रीय स्तम्भ है। आज की पीढ़ी की ज़ुबान में बाज़ारी माल के शब्द भरे पड़े हैं। ये मानव की बाज़ारी दासता को ही प्रदर्शित करते हैं। बाज़ारी माल मानव की सर्जनशीलता पर प्रहार करता है। आज का मानव अपनी बुनियादी ज़रूरतों तक की पूर्ति हेतु बाज़ार का सहारा लेता है। इससे मानव का मानव पर आश्रयत्व ढीला पड़ जाता है। अर्थात आज के मानव के मन में समाज का आश्रय लेने की ज़रूरत महसूस नहीं होती है। मोहन डहेरिया इस बात पर चुटकी लेते हुए कहते हैं–

*पता नहीं चला*
*कब बदल गये हमारे रास्ते और मंज़िलें मंगल भाई*

*पता नहीं चला*
*कब शामिल हो गये मेरी भाषा में*
*पिज्जा, ब्रांडेड जीन्स, लैपटॉप, शेयर मार्केट तथा डॉलर जैसे शब्द*
*कब तुम्हारी बोली वाणी का हिस्सा हो गये।*

उपभोग का प्रभाव सीमित प्राकृतिक संसाधनों पर घातक प्रभाव डाल रहा है तथा इसका सीधा असर प्रकृति विनाश के रूप में सर्वत्र देखा जा सकता है। आर्थिक विकास, उपभोग और पारिस्थितिकी विनाश एक साथ चल रहा है। वर्तमान भूमण्डलीकृत या मण्डी पर आधारित वर्तमान जीवन व्यवस्था में वस्तु का समग्र आधिपत्य है। जीवन का हर क्षेत्र मण्डी की ताक़तों से नियन्त्रित एवं संचालित है। बढ़ते उपभोग की टिप्पणी करते हुए विद्यापति गौतम कहते हैं—''दुनिया के छह अरब से अधिक आबादी द्वारा फ़िलहाल उपभोग किये जाने वाले कुल पानी का चौवन प्रतिशत उपयोग विकसित राष्ट्र कर रहे हैं। जो सन् 2025 तक सत्तर प्रतिशत या नब्बे प्रतिशत तक हो जायेगा। ऐसे में जलीय जीवों के लिए पानी की उपलब्धता बेहद घट जायेगी।'' वनों के विनाश से वनों द्वारा जीविका चलाने वाली जनजातियों के जीवन पर संकट के चिह्न खड़े होने लगे हैं। अमित उपभोग से प्राकृतिक संसाधनों की कमी महसूस होने लगी है। 'धरती की पुकार' शीर्षक रचना में सुन्दरलाल बहुगुणा ने इस तथ्य की ओर प्रकाश डाला है। उनके ही शब्दों में—

''...औद्योगिक काष्ठ का वार्षिक उपयोग 2,40,00,000 घन मीटर है। लेकिन वनों की वार्षिक वृद्धि एक करोड़ दो सौ लाख घन मीटर है...पशुओं के लिए 93 करोड़ टन हरा और 78 करोड़ टन सूखा चारा प्रतिवर्ष चाहिए। इसमें से केवल 25 करोड़ टन हरा और 40 करोड़ 40 लाख टन सूखा चारा ही उपलब्ध है। शेष की पूर्ति वनों में चराई से होती है। जलाऊ लकड़ी की खपत 23 करोड़ 50 लाख घन मीटर वार्षिक है। जबकि वार्षिक उत्पादन 90 लाख टन का है।'' आगे बहुगुणाजी बताते हैं—''अमेरिका जैसे धनी देशों में प्रति व्यक्ति एक दिन में 7200 लीटर पानी निकाला जाता है जबकि भारत में यह मात्रा 1500 लीटर है।'' इससे स्पष्ट होता है कि दुनिया में उपयोग एवं उपभोग का स्तर क्या है तथा हमारे देश की दिशा

किस तरफ़ है। इस सामाजिक कुरूपता से अज्ञेय जैसे कवि पहले से ही वाक़िफ़ थे।

*ये दलदल में फँसी हुई मौत की मशीनें*
*उनके अमानवीय लोभ के*
*कुण्ठित अशमित प्रेत/अब भी*
*हमारे देवदारु वनों की छाँहों में*
*पहाड़ी खोहों में/चट्टानों की ओट में*
*नीली खूँखार आँखें घात में बैठी हैं।*

कविता रघुवीर सहाय के लिए 'नयी दुनिया के सृजन की प्रक्रिया है।' आस्था वर्तमान कविता का रुख़ है। उनकी लेखनी वर्तमान जीवन के मानचित्र को नये ढंग से खींचने के लिए सक्षम है। आज का कवि संकटग्रस्त कौंधते जीवन के धरातल से भाग खड़ा नहीं होता। वह विश्वास बरकरार रखता है कि इस जीवन को भी जिया जा सकता है। जीवन रूपी नीड़ को सुख से सजाया जा सकता है। बशर्ते कि उपभोग की तृष्णा को त्यागकर त्याग का सबक सीखें, क्योंकि उपभोग प्रकृति का विरोधी भाव है। हम जीवन में न्यूनतम संसाधनों का उपयोग करें। आजकल की उपभोग संस्कृति का सीधा सरोकार बाज़ार से है। जहाँ अविवेक पनपता है वहाँ मानव मूल्यों का कोई स्थान नहीं रहता है। लीलाधर जगूड़ी की पँक्तियाँ इसकी साक्षी हैं—"चीज़ों के बारे में सोचना अब सरल नहीं रह गया है/क्योंकि चीज़ें भी अब हमारे बारे में सोचने लग गयी हैं/यहाँ तक कि आप की चप्पल आपको/अच्छा आदमी समझने लगी है।"

बाज़ार वर्तमान मानव का शोषण केन्द्र है। वह विज्ञापनों, प्रचार माध्यमों तथा अन्य सुविधाओं से अपनी साज़िशों को ज़रूर कार्यान्वित करेगा। बाज़ार में बल्बों की रोशनी से हमारे नेत्र भौंचक्के हो जाते हैं। बाज़ार में हमारे शब्द हमारे नहीं रहते हैं, बाज़ार के रहते हैं। उपभोग से हम ख़ुद जख़्मी होते हैं और दूसरों को जख़्मी करके छोड़ते हैं। प्रकृति के साथ मिल–जुलकर रहने से स्थायी विकास मानव को प्राप्त होगा। हम सरल जीवन का मार्ग अपनायें। उपभोग प्रकृति एवं मानव विरोधी कार्य है। प्रकृति के साथ भावात्मक सम्बन्ध के बिखर जाने से जीवन रूपी वृक्ष की जड़ें सूख जाती हैं। भोग की वासना किसी को क्षमा नहीं करती है। समकालीन कवि की प्रतिक्रिया है—

1. *कला अपनी भ्रष्ट आत्मा में आदमखोर*
*एक मनुष्य नौकरी करते करते अभी मरा*
*लेकिन अभी वह सेवामुक्त नहीं हुआ है*
*हम अपने–अपने ओहदे और रसूख के एतबार से*
*उसकी मृत्यु के साथ अभिसार करें*
*संसार और समाज में*
*अपनी पहुँच के दम पर*
*हमने उसके भूत की लँगोटी छीन ली है*
*और रिश्तों की इस निरन्तरता में हम मौजूद हैं*
*अपने पौत्र–पौत्रियों के साथ।*

**—संजय चतुर्वेदी**

2. *सम्पन्न की वासना*
*किसी को क्षमा नहीं करती*
*प्रकृति की हर वस्तु के साथ*
*देखते ही इकतरफ़ा भोग को आतुर*
*वह करती है*
*वह दूसरों की निर्भरता या अवशता के साथ*
*उनके जीवन के*
*संसाधन सम्मत इस्तेमाल के बाद*
*वह उन्हें उनकी मृत्यु से भी मुक्त नहीं करती।*

**—संजय चतुर्वेदी**

गाँव, प्रकृति की समस्त सुन्दरताओं को अपनी गोद में सुरक्षित रखने वाली ममतामयी माता है। विभिन्न नाम–रूपों से हमारी आँखों के सामने प्रतिभाषित असीम प्राकृतिक सुन्दरता आज के प्रकृति विरोधी विकास के सम्मुख धीरे–धीरे घिसती जा रही है। स्वार्थ एवं मुनाफ़े पर आधारित वर्तमान जीवन पद्धति, मशीनी संस्कृति, उपभोग संस्कृति, निजीकरण तथा उदारीकरण की प्रवृत्ति आज के आम मानव की संवेदना को शुष्क बनाती रहती है। अपनी मन रूपी इंद्रियों के ज़रिये प्रकृति की आन्तरिक तड़पन को, धधक को पहचानने में आज का मानव असमर्थ है। बिजली की वज्ररेखा की भाँति कभी–कभी संवेदनशील व्यक्तियों के बीच से वाणी की आभा फूट निकलती है, आशा है कि वही वाणी भविष्य के रास्ते में रोशनी बिखेर देगी। समकालीन हिन्दी कविता

अनुपम ग्रामीण वैभव के विनाश को काव्य के कथ्य के केन्द्र–बिन्दु के रूप में अपनाती है। कवि यह पहचानता है कि कुदरत की गोद में अमर सुख–शान्ति का अमृत निहित है। अप्रत्यक्ष एवं प्रत्यक्ष रूप से प्रकृति की ओर लौटने का नारा हमारे इर्द–गिर्द मुखरित होने लगा है। कवि की यह समझ सही है कि पैरों तले की ज़मीन के निकल जाने से मानव अपना धरातल ज़रूर खो बैठेगा। विकास एवं आनन्द का मतलब ऐशो–आराम से भरी ज़िन्दगी नहीं, यान्त्रिक सुविधाओं से प्राप्त क्षणिक विभूति नहीं, वरन अन्तस में बहने वाली साँस की सम्पूर्ण विशुद्धि में है, अन्तड़ी में पचने वाले माँ के दूध की पवित्रता में है। समकालीन हिन्दी कविता के अध्ययन से यह स्पष्ट होता है कि वर्तमान कवि प्रकृति से अलग होती जा रही वर्तमान पीढ़ी को सजग एवं सचेत करने की प्रक्रिया में लगा हुआ है तथा प्रकृति एवं गाँव की प्राकृतिक विपुलता एवं सम्पन्नता को पुनः प्राप्त करने की असीम अभिलाषा भी प्रकट करता है, वह स्वार्थ की शव–साधना नहीं करता, बल्कि प्रकृति की शिव–साधना में तल्लीन है। नव उपनिवेशवादी उदारीकरण के आलोक में यदि हम देखें तो समस्त प्राकृतिक विभूतियाँ क्षणिक लाभ के मोह में पल भर में उड़ा दी जा रही हैं। आजकल प्राकृतिक आपदाएँ भीमकाय रूप धारण कर मानव को निगलने हेतु सामने आ रही हैं। प्रकृति पर मानव द्वारा अमानवीय एवं अप्राकृतिक हस्तक्षेप आज के मानव के मानसिक नंगेपन को दर्शाता है। वर्तमान संकट की स्थिति सच में प्रकृति से उपजी नहीं, बल्कि मानव की बुद्धिहीन साज़िश के अन्जाम से उदभूत है, दूसरे शब्दों में कहा जाये तो यह संकट सीमातीत प्राकृतिक दोहन का परिणाम है जिससे जीवन की आभा धुँधली होती जा रही है।

ज्ञान–विज्ञान की बहुविध तरक्कियाँ एवं वित्तीय विकास के परिणामस्वरूप नवीन जीवन स्थितियाँ उदभूत हुई हैं। मूल्यों के निवेश के स्थान पर आजकल वित्तीय निवेश पर ज़ोर दिया जाता है। यहाँ कुदरत के साथ मानव के उदात्त रिश्तों को ठुकरा दिया जाता है। इससे सुखवाद का चरम विकास, दिशाहीनता तथा उपभोगवादी संस्कृति के विकृत चेहरे उभर रहे हैं। अर्थ–केन्द्रित जीवन के आगे मानव की ज़िन्दगी का नैतिक पतन अवश्यम्भावी है। गाँव के शहरीकरण की पृष्ठभूमि यही है। प्रकृति की यानी गाँव की मिट्टी बंजर होती जा

रही है, सोना निकालने की मिट्टी की ताक़त आज कमज़ोर होती जा रही है। ग्रामीण जनता की परम्परागत प्राकृतिक रुचियों व संवेदनाओं पर जान–बूझकर संचार माध्यमों की सहायता से परिवर्तन करके असीम शोषण की रंगभूमि तैयार होती जा रही है। कविता आत्मा के इसी सत्य को वाणीबद्ध करती रहती है। आजकल का कवि एक हद तक इसी की अभिव्यक्ति में अपने कवित्व की सिद्धि स्वीकार करता है और वर्तमान की दीवारों पर आत्मिक सच्चाई के चिट्ठे लगाने की कोशिश में लगा हुआ है। अपनी रचनाधर्मिता की सार्थकता की तलाश में प्राकृतिक आपदाओं को व्यक्त करते हुए प्रकृति के साथ एक आत्मीय सम्बन्ध बरकरार रखने की सलाह वह बारंबार दे रहा है। वही वर्तमान साहित्यिक–सांस्कृतिक कार्यकलापों की धरोहर है।

पर्यावरण शब्द के अन्तर्गत समस्त जैविक–अजैविक तत्व समाहित हैं। प्रकृति से अलग रहकर मानव की जैविक अस्मिता एवं अस्तित्व की कल्पना, अतिरंजिक कल्पना मात्र है। जीवन के विकास के साथ प्रकृति के साथ मानव के विभिन्न तरीकों के सम्बन्धों में भारी अस्वस्थ परिवर्तन हुए हैं। जिस अपराजेयता की घोषणा आज का मानव करता है, उससे मरणोन्मुख ताण्डव के लक्षण उदित होने लगे हैं। इसकी प्रतिक्रिया में प्रकृति के साथ, आत्मीय सम्बन्ध की स्थापना करके स्थायी विकास का नारा लगाया जाने लगा है, वर्तमान में प्रकृत्योन्मुख विकास की माँग बढ़ती जा रही है। प्रकृति को अपने पंजे में समेटने की मानव की अदम्य लालसा ख़तरनाक सिद्ध होती जा रही है। इसी सोच के परिणामस्वरूप 1972 में स्टॉकहोम में बैठक बुलाई गयी। इसकी प्रेरणा से अनेक राज्यों में पारिस्थितिकी परिरक्षण हेतु विधियाँ बनायी गयी। रेचल कर्सन जैसे प्रकृति पूजकों ने अपनी 'साइलेंट स्प्रिंग' शीर्षक रचना के माध्यम से पर्यावरणीय समस्याओं को विश्व जनता के सामने रखा तथा नवीन जीवन बोध का विस्तार किया। इसकी काव्यात्मक प्रतिक्रिया पाठक विश्व भर के साहित्य में देख सकता है।

हिन्दी साहित्य इस प्रतिक्रिया से अछूती नहीं रह गया है। शहरीकरण के प्रभाव से पर्यावरण दूषित होता जा रहा है, गाँव की नदी मैली होती जा रही है। रासायनिक पदार्थों के तेजाबी पेशाब के प्रभाव से नदी का रंग बैंगनी हो जाता है। नदी के किनारे पर शहर बसता है, लेकिन शहर के बसने के पश्चात नगर के किनारे से मैली नदी बहने लगती है। पिछले

पाँच सालों में करीब दो करोड़ बच्चे मलिन जल के पीने से मर चुके हैं। आस–पास की पर्यावरण की स्थिति ज्ञानेंद्रपति के हृदय को बुरी तरह मथती है–

*नदी के किनारे नगर बसते हैं।*
*नगर के बसने के बाद*
*नगर के किनारे से नदी बहती है।*
*आह! लेकिन*
*स्वार्थी कारखानों का*
*तेजाबी पेशाब झेलते*
*बैंगनी हो गयी तुम्हारी शुभ्र त्वचा।*

ज्ञानेन्द्रपति की भाँति कात्यायनी, राजकिशोर, ध्रुव शुक्ल, शैल प्रिया, नरेश दाधीच, प्रभात त्रिपाठी, आदि कवियों ने भी पर्यावरण को सम्बोधित करते हुए विशिष्ट कविताओं की रचना की है। वे पहचानते हैं कि नकली एवं बनावटी ज़िन्दगी के खेमे में हर व्यक्ति बन्द होता जा रहा है। ज़रूरतों को गैर–ज़रूरत और उल्टा बना देने की प्रक्रिया पूँजीवादी षड्यन्त्र में छिपी हुई है। आकांक्षा मानवीय है, लेकिन महत्त्वाकांक्षा मानवीय नहीं हो सकती। अनैतिकता के प्रतीक के रूप में कारखाने को प्रस्तुत करते हुए कवि का कथन है कि वहाँ हर प्रकार की अनैतिकता का राज चलता है। कारखाना प्रकृति के कम्पन को डुबो देता है। यदि पेड़ कट जाता है तो बादल दूर हो जाता है, बारिश दूर हट जाती है, छाया विलीन हो जाती है। इसका नतीजा है—सूखा, गरीबी, बीमारी। अन्ततोगत्वा मानव को मरण की शय्या का अवलम्बन लेना पड़ रहा है। ध्रुव शुक्ल की कविता वृक्ष की कोख में काल की इच्छा गर्भित होने की बात कहती है—"वृक्ष की कोख में/काल की इच्छा/ जन्म देती टहनियों को/टहनियों की इच्छा पत्तों को/टहनियाँ फल देती हैं/नव वधुओं सी।" प्रकृति के वरदान से जीवन में नवीन गुलाब खिलते हैं। प्रकृति की हरियाली मानव के दिल की हरियाली है, धरती पर जन्नत प्रकृति लाती है। जब प्रकृति का सन्तुलन बिगड़ जाता है तब नरक का द्वार स्वाभाविक रूप से खुल जाता है। भोपाल दुर्घटना पर प्रभात त्रिपाठी का कहना है कि—"उन्नीस सौ चौरासी में शैतान लोग भोपाल में उतर आये थे, जिन्होंने मौत का घाट वहाँ उतार दिया था।" प्रकृति के विनाश से समस्त सुख शीतलता गायब हो जाती

है। सूरज, तारे सब मन्द पड़ जाते हैं। प्रकृति के सीमातीत शोषण से पेड़–पौधे, परिन्दे, उदासी के मन्त्र जपने लगते हैं। इस धरती को आगामी पीढ़ी को सुसज्जित करके देना वर्तमान पीढ़ी की ज़िम्मेदारी है। नदियों के किनारे जीवन की कणिकाएँ जन्म लेती हैं। यदि नदी नहीं तो जीवन के रंग गायब होते चले जायेंगे। जीवन की विविधता मिट्टी में मिल जायेगी। राजेंद्र घोड़पकर की वाणी देखिये—"पृथ्वी की समस्त सम्भव घृणा/सारी नदियों में बह चुकी है/दूसरी दुनिया से आयी सारी चिड़ियाँ/वापस लौट चुकी हैं।" यातायात के साधनों से, बम के विस्फोट से, मानव के द्वारा बनाये गये यन्त्रों के मुँह से समस्त प्रकृति विषैली होती जा रही है। युद्ध एवं बम की बारिश के बीच मानव अपनी साँस लेता है। हम अपनी बात छोड़ दें, तमन्ना यह है कि हमारे बच्चे खुश रहें, इसके लिए प्रकृति की रक्षा करें, प्रदूषण को रोकें, परिस्थिति को बचायें और उसको स्वस्थ रखें। आशा की फ़सलें अब भी हरी हैं, लेकिन समूची सृष्टि को बदरंग करने वाली कोशिशें अब भी मौजूद हैं। हम विकास के नाम पर आगामी पीढ़ी को मरघट तैयार कर के दे रहे हैं। हम जितने परिष्कृत होते जा रहे हैं उतने बर्बर होते जा रहे हैं।

समकालीन कवि, विशेष रूप से नवत्युत्तर कवि प्रकृति के लुप्त होते प्रताप से प्रताड़ित है। वह असल में अपनी कविता के माध्यम से तीखी प्रतिक्रिया का काला झंडा फहराता है। प्रकृति के साथ आत्मिक एवं जैविक सम्बन्ध बरकरार रखने की माँग करते हुए वसुधा के समस्त वैभव को पुनः प्राप्त करने की अभिलाषा समकालीन कविता उद्घाटित करती है। युगीन सन्दर्भों से उपजी कविता समय साक्षी के रूप में हमारे भीतर स्वस्थ प्रश्नचिह्न खड़ा करती है। यह कवियों का प्रलाप नहीं, मानव के आगे के प्रयाण को सुखकर बनाने वाला मील का पत्थर है। परिस्थिति एवं मानव का सह–सम्बन्ध वर्तमान की माँग नहीं, युग–युग की माँग है। हमारे गाँव, हमारी हरियाली तथा मानव के मन की नमी को फिर से हम हथेली भर उठा पायें; यही ललक, यही लालसा और यही तमन्ना वर्तमान कवियों में न्यूनाधिक मात्रा में अवश्य पायी जाती है। प्रकृति पर लगातार मानव का हस्तक्षेप आज की एक ज्वलंत समस्या है। विज्ञान की विभूति के रूप में मानव जाति को प्राप्त यन्त्रों की सहायता से मानव, प्रकृति के सीमातीत दोहन

की प्रक्रिया में जुड़ा हुआ है। यन्त्रों के आविष्कार से औद्योगिकीकरण ने भयानक रफ़्तार पकड़ ली है। शहरीकरण एवं प्राकृतिक संसाधनों के सीमातीत शोषण का ग्राफ़ ऊँचाई को ताक रहा है। मानव की वर्तमान गति आधुनिकीकरण के विनाशकारी रास्ते की ओर है। मानव के इस सफ़र को यानी विकास की पुकार को विनाश की पुकार कहें तो अत्युक्ति नहीं। प्रकृति हमारी माँ है, प्रकृति की हर वस्तु में चैतन्य का असीम भंडार सुरक्षित है। एक पत्थर के भीतर एक देवता ज़रूर है। लेकिन आजकल प्रकृति के विध्वंस से मरुस्थलीकरण, शहरीकरण, औद्योगिकीकरण को बढ़ावा मिला है। इससे मानव जीवन बदरंग होता जा रहा है। आपदाओं का सिलसिला उनके जीवन में शुरू हुआ है। यह दुर्दशा सच में विशेषणहीन ज़ुबान के परे है। दुर्दिनों की इस दुनिया में ख़ामोशी व्याप्त हो रही है। इस ख़ामोशी को तोड़ने का काम आज का कवि कर रहा है। वह अनुभव करता है कि वर्तमान मानव जीवन मुश्किल हालातों से होकर गुज़र रहा है, जैसे तंग पगडंडी से होकर रेलगाड़ी सरक रही हो। हमें सुनहरी ज़िन्दगी बितानी है, तो चाँदनी की तरह फैलना चाहिए। लेकिन मानव की करनी का फल विषदंश की भाँति मानव जीवन के शरीर पर व्याप्त हो रहा है। विनाश के चक्र की गति देखिए—"यह कुछ ऐसा ही है/कि एक तारा टूट रहा हो/एक पहाड़ दरक रहा हो/एक मछली तड़प रही हो/एक पेड़ सूख रहा हो/एक धरती हिल रही हो।"

मानव को अपनी जीविका चलाने के लिए प्रकृति के वरदान की ज़रूरत है। यदि जीव रस पानी नहीं है तो इस जगत की सारी जीवन कला गायब हो जायेगी। मानव की सम्पूर्ण सफलताएँ राख का ढेर बन जायेंगी, नदी संस्कृति की जननी है। लेकिन उस नदी को मानव रेत बनाता है, मैदानों को शहर बनाता है, पहाड़ों को समतल बनाता है। शहरों के कंक्रीट जंगल के बीच स्वच्छ हवा कहाँ? स्वच्छ पानी कहाँ? स्वच्छ मिट्टी कहाँ? आजकल शीतलता का प्रवाह नहीं, लू का प्रवाह है। इस संकट का कारण स्पष्ट है–प्राकृतिक संसाधनों का विवेकहीन इस्तेमाल। इस विपद स्थिति में दुनिया के कोने–कोने से एक घूँट पानी के लिए लोग चिल्लाने लगे हैं, क्योंकि धरती उमस उगल रही है, गर्मी की अँगीठी में मानव पिघलने लगा है, मानव उबलने लगा है। इन संकटों के बीच मानव हक्का–बक्का रह जाता

है। यही वर्तमान मानव की तकदीर है। डूबते सूरज की भाँति मानव का चेहरा भयाक्रान्त होकर लाल–लाल हो गया है। मानव का जीवन सरस न होकर नीरस हो गया है।

पहाड़ धरती की संचित सम्पत्ति का आगार है। पहाड़ के गिरने से रेगिस्तान जन्म लेने लगता है। आस–पास के प्रदेश से जीवन की हरियाली सूखने लगती है। आजकल वन नाशीकरण की वजह से पहाड़ बाण की भाँति नुकीले होते जा रहे हैं। प्रकृति की उँगली के स्पर्श से ही मानव माटी के घड़ा का रूप धारण करता है। पेड़ों के नाश से गर्मी का प्रकोप बढ़ने लगा है। मानव के कलेजे पर आफ़तों के साँप रेंगने लगे हैं। गर्मी से काला पत्थर भी पिघलने लगा है। प्रकृति की समरसता की लोल डोरी के कट जाने से विपदाओं की वर्षा शुरू हुई है। दुष्काल का अँधेरा छाने लगा है। शैतानी तूफान की मार से, मूसलाधार वर्षा की वजह से सारे ग्रह–तारे डूबने लगे हैं। कभी–कभी क्षितिज का पता तक नहीं चलता। अपनी करनी का फल हमें अब भुगतना पड़ रहा है। अपने ही दाँतों से जीभ घायल है। जीवन के रंग को मिटाने वाले मौत के नाखून सर्वत्र उभर रहे हैं—"मौत के कितने नाखून/कितनी गहराई तक/धँसे हैं मेरे सीने में।"

मानव के पास सृजन की क्षमता है, विवेक की ताक़त है। यदि हमारे मन में विवेक का सूरज उदित नहीं होगा तो पृथ्वी निर्जन हो जायेगी। यहाँ केवल निर्जीव वस्तुओं का संसार मात्र रहेगा। इससे बचने के लिए एकमात्र चारा है कि हम अपनी कुदरत को सम्पूर्ण सम्पन्नता के साथ वापस लाएँ। नदी, पहाड़, पेड़–पौधे, अन्य प्राणी प्रजाति सबको हम अपने कलेजे के हिस्से के रूप में मानें। केवल पृथ्वी में ही जीवन की हरीतिमा है। उसको हम सुरक्षित रखें, प्रकृति के वैभव को, सम्पत्ति को बचाने एवं बनाये रखने के प्रयास में लीन रहें। प्रतापराव कर्दम हमें याद दिलाते हैं—"पृथ्वी पर जीवन है केवल/मृत्यु तो सब ग्रहों में है।"

शहरीकरण, औद्योगिकीकरण, आबादी आदि पर्यावरण को प्रदूषित कर रहे हैं। प्रकृति की अमूल्य सम्पत्तियाँ एक–एक करके आजकल गायब होती चली जा रही हैं। इससे सम्पूर्ण जीवराशियों को बचाना वर्तमानता की आवश्यकता है। प्रदूषण से प्रकृति का स्वास्थ्य बिगड़ जाता है तो उसी अनुपात में मानव की तन्दुरुस्ती नष्ट होती है। रासायनिक एवं

हरित गैस की वजह से पृथ्वी जलने लगी है, बरफ पिघलने लगी है, समुद्र में भीषण तरंगें उठने लगी हैं, जैव–वैविध्य का नाश होने लगा है, इस दुनिया से जैव व्यवस्था के आधार अप्रत्यक्ष होते जा रहे हैं। मानव के जीवन में अवरोध पैदा करने वाले संकटों की अभिव्यक्ति वर्तमान कविता में काफ़ी मात्रा में देखने को मिलती है। कवियों का कथन है कि भीषण प्रदूषण की वजह से कँटीली झाड़ियों में पीली नदी सूखकर उलझ गयी है। हम आज पेड़ की रुलाई को सुनने के लिए सन्नद्ध नहीं हैं। आज पेड़ों के पास ऑक्सीजन या प्राणवायु नहीं है। वे सब धरती पर चेतावनी की तरह खड़े हैं। विभिन्न प्रकार के प्रदूषण शहर एवं उद्योगों के योगदान हैं। प्रदूषण के कुप्रभाव से अपने को बचाने की बेबसी व्यक्त करते हुए गौतम सचदेव कहते हैं—''अलविदा दमघोंट ज़हरीला धुआँ/अलविदा फ़ैशन भरी तन्हाइयाँ.../अलविदा मेले नुमाइश, शोरगुल।''

अतिशय उपभोग के विस्तार से, पाश्चात्य संस्कृति के अन्धानुकरण से पूर्व की सरल जीवन शैली आजकल मृतप्राय है। प्रकृति के शोषण पर आधारित पाश्चात्य औद्योगिकीकृत समाज में प्रदूषण की समस्या एक अहम मुद्दा है। कारखानों से, कोयले की खानों से, बिजली उत्पादन की चिमनियों से काला धुआँ फैल रहा है। 'इमारत बनाने के लिए जब हम पेड़ काटते हैं तब कबूतर की रुलाई कौन सुनता है? क्षण भर में तो मैदान भवनों में, कार्यालयों में परिवर्तित होते हैं।' आज के मानव के भीतर एक डरपोक लुटेरे ने घर बसाया है। प्रकृति पर शोषकों की, पूँजी निवेशकों की, अन्तर्राष्ट्रीय कम्पनियों की ताक है। तेजेन्द्र शर्मा की पँक्तियाँ देखिए—''लग गयी थी नज़र/मेरे शहर के वृक्षों पर/मेरे ही शहर के बिल्डरों की।'' यह शहरीकरण प्रकृति के नाश का पर्याय है। शहर शहद में लिपटा ज़हर है, वहाँ मकानों की भीड़ है, प्रदूषण का सागर है। हथेली भर प्राणवायु के लिए मानव पागल कुत्ते की तरह इधर–उधर भागता है। मंगलेश डबराल की कविता कहती है—''आबो–हवा की फ़िक्र में आलीशान जहाज़ों में बैठे हुए लोग/जा रहे हैं एक देश से दूसरे देश/ऐसे में मुझे थोड़ी ऑक्सीजन चाहिए।'' मानव समाज के समेकित प्रयास से इस पर नियन्त्रण सम्भव है। नरेश दाधीच अगाह करते हैं—''आओ मिलकर गीत बनाये/सपनों को सरपट दौड़ाए/हँसते–गाते जश्न मनाते/धरती पर जन्नत को लाएँ।''

जैव–वैविध्य मानव जीवन की विविधता एवं उसकी संस्कृति एवं सभ्यता का आधार ग्रहण करता है। एक बार नष्ट हो जाने पर उसको किसी भी हालत में पुनर्जीवन प्रदान नहीं किया जा सकता। प्राकृतिक संसाधन का रूपायन हज़ारों वर्षों की प्राकृतिक प्रक्रिया का ही परिणाम है। उसे ज्ञान–विज्ञान–प्रौद्योगिकी के बल पर निर्मित करना असम्भव है। जैव–वैविध्य जीवन का रंग है। उसका नाश जीवन का नाश है। जीवन के प्रति एकांगी दृष्टिकोण मानव के लिए उपयुक्त नहीं है, साकल्यवादी दृष्टिकोण के माध्यम से ही मानव को ज़िन्दगी के सावयविक बोध का विकास होगा। तितली का मर जाना, फूल का भी मर जाना है। प्रकृति के प्रत्येक परमाणु का अपना अलग अस्तित्व है। अर्थ–केन्द्रित मानव का मस्तिष्क इसको पचाने में असमर्थ है। उसका विवेक धुँधला होता जा रहा है। उपभोग का नशा व लाभ का लोभ उसको निगल रहे हैं। औद्योगिक सभ्यता एवं संस्कृति से, आदमी तन–मन से रुग्ण होता जा रहा है। अतः कारखाने के ज़हरीले धुएँ से शहर के शोरगुल से भाग जाने की ललक मानव की वर्तमान ललक बन जाती है। निर्वनीकरण, बाँध, रासायनिक खादों व पदार्थों का उपयोग, खनन, उद्योग, शहरीकरण सब प्रकृति के नानाविध विध्वंस के कारण बनते जा रहे हैं। इसके परिणामस्वरूप हर व्यक्ति 'तिषगुंज' होता जा रहा है। मानव के हस्तक्षेप से पृथ्वी का मरुस्थलीकरण हो रहा है। साथ ही साथ मानव का अन्तर जगत मरुस्थल होता जा रहा है। अय्यप्पा पणिकर याद दिलाते हैं—"जब एक पेड़ कट जाता है बादल गायब हो जाते हैं अर्थात जीवन के चिह्न मिटते जा रहे हैं।" नदी के सूखने के साथ–साथ मानव पत्थर होता जा रहा है, निर्जीव होता जा रहा है, अन्तस की नमी सूखती चली जा रही है। सुविधाभोगी संस्कृति पहाड़ को मशीनी ताक़त से निकालकर सपाट बनाने में पीड़ा महसूस होने नहीं देती। जब मानव आफ़त में पड़ जाता है सांत्वना के हाथ प्रकृति के ही होते हैं। भय से पीड़ित मानव आश्रय के लिए प्रकृति से गिड़गिड़ाता है। मनुष्य दर्द से आहत हो जाने पर महसूस करता है कि प्रकृति ही असली तसल्ली दे सकती है। संवेदनशील मन पहचानता है कि जहाँ पेड़, हरियाली, कूकती कोयल, पेड़–पौधे नहीं हैं, वहाँ ख़ुशी का समुद्र नहीं रहेगा। सीमेण्ट के जंगलों में मानव कब तक रह सकता है? मानव अपने किये से प्रकृति को चौबीसों

घंटे नुकसान पहुँचाता रहता है। अन्त में त्राहि–त्राहि मचाने से कोई फ़ायदा नहीं। समकालीन कवि इस प्रकार के गम्भीर सवाल हमारे सामने पेश करते हैं—"क्यों भाई क्या तुम बिना पानी रह सकते हो, बिना भोजन जी सकते हो, सैकड़ों फॉरेनहाइट के तापमान पर तुम बचा सकते हो ख़ुद को? अगर नहीं, बिलकुल नहीं तो बदहवास से ये पेड़ क्यों काटे जा रहे हैं?" पेड़ लगाने की आवश्यकता पर कविता पण्डित की एक कविता है–

*इस रास्ते पर पेड़ लगाओ/कि यहाँ से राही जायेंगे*
*उन्हें छाँह मिलेगी.../वे खायेंगे एक खट्टा–मीठा फल*
*और भर देंगे उनकी डालियों को अपनी तृप्ति की कोंपलों से।*

प्रकृति का नाशीकरण मानव के अन्तस्थ जंगलीपन का विस्तार है। पाशविकता के विकास से आदमी की आदमीयत मरती जा रही है। निशान्त का व्यंग्य–बाण देखिए—"हमने सबकुछ किया/हिंसक प्रवृत्ति वाले शेर को पकड़कर/पिंजड़े में बन्द कर दिया/साँप को पकड़कर/उसके विषदाँत उखाड़ दिये/लेकिन अब तक आदमी को आदमी से/लड़ने से न रोक सके।" मानव–मानव के बीच स्वार्थ की अधिकता से अनेकता के विष का फैलाव हो जाता है। ऐसे में आज का कवि नीलकण्ठ बनना चाहता है। जिसके मन में प्यार की ख़ुशबू नहीं, उसका जीवन रोगातुर हो जाता है। प्यार एक अनुभूति है। अरुण कमल बताते हैं—"आज मैंने जाना/जो प्यार नहीं करते/उसकी कोई गंगा नहीं होती/कोई मातृभूमि नहीं होती/कोई तारा नहीं होता।" 'इसे रोहिताश्व की भाषा में आत्मचेतस व्यक्ति की भाषागत संवेदनात्मक प्रतिक्रिया कही जा सकती है। अतः आज के कवि की कलम कुमारेन्द्र पारसनाथ सिंह की राय में 'भविष्य की लड़ाई का नक़्शा तैयार करती है।' जयप्रकाश कर्दम के अनुसार, "वर्तमान जीवन में आज की कविता विषमताओं के जंगल में तिनका–तिनका सुलगती आग है।" आतंकमय वर्तमान जीवन में जीवन की सुगन्ध को बचाके रखना समकालीन कवियों का उत्तरदायित्व है। बहुस्तरीय विद्रूपता के युग में आशा के प्रभात का संचरण कवि करता है। उम्मीद करते हैं कि प्रकृति विरोधी शक्तियों के पंजे से प्रकृति मुक्त हो जाये।

'गाँव की उदासी का गीत' अरुणाभ सौरभ की कविता है जिसमें कवि पेड़ों में बसने वाले पंछियों के नष्ट हो जाने की ओर इशारा करते हुए

कहते हैं कि "प्रकृति के विभिन्न प्राणिजातों के नष्ट हो जाने पर गाँव में उदासी छा जाती है, क्योंकि प्रकृति मानव के जैविक एवं सामाजिक परिवेश को रूपायित करती है। उनकी कल्पना में, सपने में, लोरी में, लोकगीत में, खान–पान में, अनुष्ठान में, यहाँ तक की साँसों में प्रकृति की सौन्दर्यात्मकता एवं सर्जनशीलता का पारस स्पर्श रहता है। प्रकृति का नष्ट हो जाना उनके लिए जीवन के नष्ट हो जाने के समान है। प्रकृति के साथ एक प्यार भरा सम्बन्ध गाँव में ज़रूर है, लेकिन शहर की स्थिति क्या है, प्रकृति वहाँ नकली वस्तुओं के रूप में उपस्थित होती है, उनके लिए प्रकृति प्लास्टिक के फूलों तक सीमित है। इससे उनकी प्रकृति के प्रति संवेदनशीलता नकली वस्तु की भाँति नकली ही होती है। प्रकृति की नैसर्गिकता से पलायन जीवन से पलायन है।"

आज का मानव प्रकृति से दूर होता जा रहा है। इसका कारण मानव के हृदय की उर्वरता का दूर हो जाना है। आज के मानव की दृष्टि इतनी संकरी हो गयी है कि अपने आस–पास के मानव और अन्य प्रणियों की जैविक भलाई की ओर उसका ध्यान जाता ही नहीं। वह आस–पास तक अपना विस्तार नहीं कर पाता। वह अपने निज सुख की तलाशी ख़ुद अपने में ही कर तुष्टि का अनुभव करता है। अपने में संकुचित मानव की असंवेदनशीलता समाज के साथ अपने पर्यावरण को भी नष्ट कर देती है। क्षण भर के इन्द्रियजन्य सुख के लिए या कभी आरामतलब संस्कृति के वश में होकर मानव ख़ुद यह नहीं जानता कि वह क्या कर रहा है। पहाड़ प्रकृति का जलकुम्भ है। प्रकृति पूजक कवि पर्वत या पहाड़ को धरती माँ के पयोधर के रूप में स्वीकार करता है। आधुनिक भूविज्ञान यह बताता है कि पर्वत प्रकृति का जलकुम्भ है, उसके गायब हो जाने से जीवन का आधार फिसलने लगता है, साथ ही उस पहाड़ में स्थित समस्त प्राकृतिक पूँजी अँधेरे में चली जाती है। आलोक सिंह वर्तमान के पर्यावरण विध्वंस की रफ़्तार को 'चुप न रहो' शीर्षक कविता में इस प्रकार अभिव्यक्त करते हैं–

*पहली सुबह/जब अपनी खिड़कियों को खोलता हूँ*
*तो देखता हूँ/दो वृक्ष पूरी हरियाली के साथ*
*झूम रहे हैं/परन्तु/दूसरी सुबह*
*जब अपनी खिड़कियों को खोलता हूँ/तो देखता हूँ*
*उनकी जगह/दस मंज़िला इमारत।*

गाँव प्रकृति के साथ अभिन्न सम्बन्ध रखने वाली एक जीवन व्यवस्था का प्रतिनिधित्व करता है। गाँव का नामोनिशान मिट जाने का अर्थ उस व्यवस्था का नष्ट हो जाना है। आज की औद्योगिकीकृत संस्कृति में गाँव धीरे–धीरे शहर बनते जा रहे हैं। उद्योगों के विकास के साथ उद्योगों के आवश्यक संसाधन की आपूर्ति करने वाले एक केन्द्र के रूप में गाँव का रूप परिवर्तित होता जा रहा है। गाँव में भी अन्तर्राष्ट्रीय कम्पनियों की नज़र पड़ी हुई है। वहाँ के सारे प्राकृतिक वैभव को पूँजी की शक्तियाँ, विज्ञान एवं प्रौद्योगिकी की सहायता से उड़ाती जा रही हैं। युवा कवि पहाड़ को ट्रक पर ले जाने के भीषण बिम्ब को हमारे सामने पेश करते हैं तथा वे ख़ुद अनुभव करते हैं कि 'मेरा गाँव यहाँ से जाने वाला है।' (अनुज लुगुन) मंगलेश डबराल की कविता 'आदिवासी' छलने–छलाने–छीनने की संस्कृति की तरफ़ रोशनी बिखेरती है–

*अभ क्षितिज पर बार–बार उसकी काली देह उभरती है*
*वह कभी उदास और कभी डरा हुआ दिखता है*
*उसके पास पेड़ बिना पत्तों के हैं और मिट्टी बिना घास की*
*यह साफ़ है कि उससे कुछ छीन लिया गया है*
*उसे अपने अरण्य से दूर ले जाया जा रहा है*
*अपने लोहे, कोयले, अभ्रक से दूर।*

पूँजीपति गाँव के सीमित संसाधनों पर गिद्ध की नज़र लगाये खड़ा है। आजकल चाहे व्यवस्था लोकतन्त्रात्मक हो, फिर भी जनता की चाहतों को वह प्रतिबिम्बित नहीं करती, नवीन साम्राज्यवादी ताक़तों के साथ उसका जुगाड़ मज़बूत होता चला जा रहा है। भीषण वर्तमान पर दृष्टिपात करते हुए कवि अनुज लुगुन का कहना है–

*हमारे जंगल में लोहे के फूल खिले हैं*
*बॉक्साइट के गुलदस्ते*
*सजे हैं/अभ्रक और कोयला तो*
*...थोक और खुदरा दोनों भावों से मंडियों में रोज़ सजाये जाते हैं*
*यहाँ बड़े–बड़े बाँध भी/फूल की तरह खिलते हैं*
*इन्हें बेचने के लिए/सैनिकों के स्कूल खुले हैं।*

मानव अपने समस्त परिवेश से कटता चला जा रहा है। आजकल विकास के नाम पर ज़मीन शासन तन्त्र की सहायता से ज़ब्त कर ली जाती है। वहाँ की जनता हमेशा के लिए अपनी मिट्टी से विस्थापित

होने के लिए बाध्य होती चली जा रही है। अपने सांस्कृतिक जीवन परिवेश से अलग हो जाने पर मानव के चैतन्य का विकास सम्भव नहीं हो पाता। इसका काव्यात्मक वर्णन नरेश सक्सेना 'इस बारिश में' नामक कविता में करते हैं। इस प्रक्रिया का परिणाम यही है कि दिन में अँधेरे के दर्शन करने के लिए हम बाध्य हो जायेंगे, नदियों के रहते हुए हम प्यास से तड़पने लगेंगे। हमे लगता है कि हमारे पास सब कुछ है, पर वास्तव में भ्रम का एक ऐसा जाल बिछा हुआ है कि हमें यथार्थता का पता तक नहीं चलता है कि हम खूँटों से बँधे हुए हैं। एक टुकड़ा चाँद का सपना मानव अब देखने लगा है। उनकी गंगा अब नहीं रही है। प्रकृति से विलग होकर मानव अब अन्दर ही अन्दर सूनापन महसूस करता है और यह भी महसूस करता है कि बाहरी प्रकृति की समृद्धि उसकी आन्तरिक समृद्धि थी। अब क्या बतायें, प्रकृति के बचाव से ही मानव के सच्चा सामाजिक जीवन का वातावरण तैयार होगा। अपने जैविक पर्यावरण को बचाने का अर्थ इस प्रकृति के अन्य जीव–जन्तुओं की जैविकता की रक्षा करना होता है। प्रकृति का हर एक तत्व उस विराट प्रकृति की जैविकता का अटूट हिस्सा है। इसलिए मानव की जैविक स्थिति की जैविकता की रक्षा प्रकृति की रक्षा का पर्याय बन जाता है। मानव इस विराट प्रकृति का अंश है, दोनों के बीच अंश–अंशी का रिश्ता कायम है। वीरान धरती की 'प्रार्थना' यही रही है–

1. *ये नदियाँ फिर उफनें/ये जंगल फिर फूलें*
   *पहाड़ों के उगें दोबारा पंख/पंख पसारकर पहाड़ उड़ें इधर से उधर*
   *इस भीषण मरुस्थल में खड़े होकर/यही प्रार्थना है*
   *वीरान धरती की।*

**—उमेश अपराधी**

2. *ओ भाई*
   *तुम क्या जला रहे हो।*
   *इससे जल जायेंगे ये पेड़*
   *बंजर हो जायेगी यह वनराशि*
   *तब कहाँ होंगे यहाँ नल और कुएँ।*
   *किसे छुयेगी यह दुधिया धार?*
   सारी की सारी सराय अनछुई रह जायेंगी।

**—कविता पण्डित**

आज के कवि नयी हरी फ़सलें उगाने में तत्पर हैं। जिस कालखण्ड की साँसें वे ले रहे हैं उसकी गर्मी को अभ्यन्तरीकृत करने में वे सफल हैं। आज की कविता दर्द की दवा है जो मानव के मानसिक स्वास्थ्य को ठीक कर सके। समस्त सुख–सुविधाओं को जुटाने के मोह में या भौतिक दृष्टि से अपने को समृद्ध बनाने के प्रयास में मानव प्रकृति को विषैला बना रहा है, प्रदूषित कर रहा है। हमारे इर्द–गिर्द रेलगाड़ी नागिन–सी भाग रही है। यन्त्रों क़ी आवाज़ से अन्तरिक्ष प्रदूषित हो रहा है, आकाश की एकांतता को रौंदता जा रहा है एक जेटयान। यन्त्रों के मुँह से काला धुआँ निकल रहा है जो मानव की साँस को ज़हरीला बनाता है। जीवन की परिस्थिति धुँधली होती जा रही है। प्रकृति छल की मार से क्षुब्ध है। जसवीर चावला की भाषा में शहर पेट्रोल का धुआँ है, आँखें फोड़ती कार्बन धूल का केन्द्र है। कारखानों की चिमनियाँ फन फैलाए ज़हर फैलाती हैं। ये सब यन्त्र संस्कृति के योगदान हैं जो प्रकृति पर नाश का विष फैला रही हैं। सुविधाभोगी संस्कृति के शिकंजे में आबद्ध होकर अपने रास्ते को निर्विघ्न बनाने के प्रयास में पहाड़ को पहाड़ी बनाने में मानव हिचकता नहीं—

*सड़क के किनारे वाली वह पहाड़ी*
*कल शायद पहाड़ थी*
*सड़क नहीं थी तब*
*सड़क बनाने की ज़रूरत ने*
*पहाड़ को पहाड़ी बना दिया।*

**—विश्वनाथ सचदेव**

यह सच है कि यन्त्र संस्कृति विनाश की पूजा कर रही है। प्रकृति को उजाड़ने में लगी हुई है। वह मानव मात्र को नहीं, समस्त प्रकृति के जैविक–अजैविक वस्तुओं को तहस–नहस कर रही है। इससे बचाने का संघर्ष ही वर्तमान कविता का ताना–बाना है।

आबादी का विस्फोट ही मूलतः प्राकृतिक आपदाओं का कारण है। 1800 में विश्व की आबादी एक बिलियन थी तो एक सौ तीस वर्षों में दो बिलियन हो गयी। फिर तीस साल में अर्थात 1960 में तीन बिलियन हो गयी तो 1999 तक आते ही छह बिलियन हो गयी है। इतनी बड़ी आबादी की बुनियादी आवश्यकताओं की पूर्ति एक चुनौती है। आबादी की वृद्धि के साथ–साथ प्रकृति के शोषण की दर भी बढ़

गयी, प्रकृति का समायोजन या समरसता भंग हो गयी है। प्रकृति में प्राकृतिक दुर्घटनाएँ होती हैं। लेकिन यहाँ की चर्चा का विषय वे नहीं, उन दुर्घटनाओं से है जो मानव के हस्तक्षेप से घटती हैं। कभी–कभी औद्योगिक दुर्घटनाएँ होती हैं, कभी बाँध टूट जाता है, रासायनिक पदार्थों की वजह से गर्मी बढ़ती है, आँधी चढ़ती है, सूखे का विस्तार होता है, भूतापन की भाँति भूशीतीकरण भी हो रहा है। ओज़ोन परतों के नाश से भीषण विकिरणें वातावरण में घुस रही हैं। इससे कैंसर सहित अनगिनत रोगों का प्रकोप बढ़ रहा है। प्रकृति का समीकरण खो गया है। मानव के ज़बर्दस्त हस्तक्षेप से प्रकृति में दुर्घटनाएँ होती रहती हैं। इससे सम्पूर्ण पृथ्वी की प्राणि–प्रजाति विनाश का मुख ताक रही है। आधुनिक ज़माने में त्रीमेल, चेर्नोबिल, भोपाल जैसी अनेकानेक छोटी–मोटी दुर्घटनाएँ हुई हैं, इससे जीव–जन्तु तथा प्रकृति का नाश बड़े पैमाने पर हुआ है। प्रकृति के नाश का फल वर्तमान पीढ़ी भुगत रही है। मानव अपने किये पर पछता रहा है।

*मैं दुखी हूँ/मैंने कहा तितली से*
*मुझे भी ले लो साथ फूलों में*
*मैं दुखी हूँ रहना चाहता हूँ तुम्हारे साथ*
*अशान्त अपना भोपाल/अशान्त है।*

**—विनय दुबे**

उदय प्रकाश की 'भीमसेन जोशी प्रसंग' (1984) शीर्षक कविता मर्मान्तक है। भोपाल दुर्घटनाग्रस्त मानव की दयनीय अवस्था की ओर इशारा करते हुए कवि का कथन है–

*गाओ/पन्द्रह हज़ार विकलांग और अन्धे और बीमार लोगों की*
*जीने की करुण और दरिद्र इच्छा के स्वागत में गाओ*
*गर्भ में ही शिशुओं को मार डाले गये भविष्य के शोक में*
*गाओ ज़हरीले कारखानों परमाणुओं और नक्षत्र युद्धों के ख़िलाफ़*
*गाओ कि होना चाहिए अन्तरिक्ष में और पर्यावरण में*
*सिर्फ़ ऑक्सीजन और संगीत।*

प्राकृतिक दुर्घटनाओं से प्रकृति की सम्पदा बड़ी तादाद में विनष्ट हो रही है। पत्तों के साथ आँधी में पेड़ उड़कर गायब हो जाते हैं। धरती सूखकर पत्थर बनती जा रही है। इनसे प्राणियों के दिल में भूकम्प मचने लगा है। मन का ताप बढ़ने लगा है। मशीनों व

परमाणु हथियारों की सहायता से स्वार्थ का ताण्डव विश्व भर में चल रहा है। जीवन के रंग करील के पत्तों की भाँति उड़ जाते हैं। इसी समय पृथ्वी के किसी दूसरे कोने में महाप्रलय का नर्तन या महाप्रलय का गर्जन मुखरित हो रहा है। प्राकृतिक दुर्घटनाओं के आलोक में मानव के मन में नवीन विचारों का उदय होने लगा है। प्रकृति के विनाश से मानव का अस्तित्व मिट सकता है। आजकल भूतापन को रोकने की योजनाएँ बनाई जा रही हैं। जैव–वैविध्य जो जीवन का आधार है उसको बचाने की कोशिशें जारी हैं। हम पहचानने लगे हैं कि यही प्रकृति मानव के बौद्धिक, सांस्कृतिक वैजात्य का कारण है। परिस्थिति का संरक्षण, पर्यावरण का परिरक्षण, वातावरण का रख–रखाव प्राकृतिक आपदाओं से मानव जाति को बचाने के लिए अनिवार्य है।

पर्यावरण दर्शन प्रकृति और मानव के बीच लयात्मक स्थिति का समर्थन करता है, सरल जीवन और उच्च विचार का समर्थन करता है। आज का कवि यह महसूस करता है कि प्रकृति ही उसको शब्द देती है। यदि प्रकृति नहीं है तो भाषा नहीं, भाषा नहीं है तो मानव नहीं, मानव नहीं है तो मानव की संस्कृति भी नहीं। कविता की पँक्तियाँ प्रकृति से जन्म लेती हैं, प्रकृति में ही उसका विलय होता है। निलय उपाध्याय की पँक्तियों में यह भाव मुखरित है—"मेरी कविता/आसमान से शुरू होगी/नदियाँ ताली बजायेंगी/मुझे बधाई देंगे पेड़।" प्रकृति सबको खिलाती है, पिलाती है। 'खुशियों के दिन वे होते हैं जब प्रकृति के साथ मिल–जुलकर हम जीवन बिताते हैं।' (कुमारेंद्र पारसनाथ सिंह) आज की धरती का नक़्शा विकृत हो गया है, रूप बिगड़ गया है। कुमारेन्द्र पारसनाथ सिंह अपने अतीत को वापस लाने की उत्कट अभिलाषा जताते हुए कहते हैं कि—"कल इस तरह नहीं होता था/इस तरह नहीं होती थी धरती/धूप थी हवा थी/और ख़ुशबू भी थी।" मकान के रूप में, लाठी के रूप में, मशाल के रूप में, सुगन्ध के रूप में, गीत–शब्द के रूप में कौन हमारे साथ था, प्रकृति ही थी। प्रकृति की शक्ति के ऊपर मानव की शक्ति या प्रभुत्व स्थापित नहीं हो सकता। जब सूखा आता है, मानव परेशान हो जाता है। आज के मानव की आत्मा बिक गयी है। जब पुरवाई आती है तब पानी बरसता है, तब सुख का अपार सागर उमड़ने लगता है।

भूकम्प के प्रकम्पन से आदमी के चेहरे पर सफ़ेद कागद चिपक जाता है। धर्मवीर भारती ने ठीक ही कहा है—"जीवन में केवल इतना ही सच था/कोका बेली की लड़, इमली की छाँव।"

प्रकृति के समस्त वैभव को पुनः प्राप्त करने की माँग आजकल बलवती होती जा रही है। प्रकृति की गोद में फिर से हरियाली भरने की कोशिशें जारी हैं। प्रकृति के साथ मिल–जुलकर रहने में ही मानव का कल्याण निहित है। यहाँ राजा–महाराजा नहीं, सेवक दास नहीं, सब प्रकृति की संतानें हैं। एकमेव होकर जीने की अभिलाषा आज के मानव के दिल–दिमाग में है। वर्तमान विभीषिकामय जीवन के जाल से मुक्त होने की छटपटाहट समकालीन कविताओं में सन्निहित है। पर्यावरणीय विध्वंस से बचने की सलाह देते हुए भरत यायावर इतना कहते हैं—"बढ़ती आबादी, बढ़ती बेरोज़गारी, भूख, विपन्नता, महामारी, सलाम/...हे बहुराष्ट्रीय कम्पनियाँ, हे नवसाम्राज्यवाद, हे आतंकवाद, हे परमाणु बम... सलाम।"

कविता मानव के जीवन को सुन्दर बनाने के सर्जनात्मक कार्य की परिणति कही जा सकती है, क्योंकि कविता हमेशा सुन्दरता की वक़ालत करती है, उसका अन्वेषण करती है, सौन्दर्य ही कविता का एकमात्र साध्य है। अज्ञेय की भाषा में कहा जाये तो यह सुन्दरता मानव की 'आत्मा का कुसुमन' है। आत्मा के कुसुमन से मेरा तात्पर्य सुन्दरता की उस स्थिति से है जहाँ पहुँचकर मानव के अन्तस में स्थित सृजन की समस्त सम्भावनाएँ खुल जाती हैं, मानव सच्चे अर्थों गें रवतन्त्रता का अनुभव करता है। ज़रूर, गह एक सम्भावना मात्र है। जीवन की असम्भावनाओं को सम्भव बनाने के कार्य में कवि हमेशा जुटा रहता है। यह कवि कर्म की अर्थवत्ता का प्रमाण है। पर मानव के जीवन में सुन्दरतम स्थिति की स्थापना इसलिए मुमकिन नहीं हो पाती क्योंकि मानव जीवन के विस्तार के साथ–साथ जीवन के बीच में से अनेकानेक अन्तर्विरोध स्वाभाविक रूप से उभरते हैं जिनकी वजह से मानव की सत्तात्मक स्थिति कुण्ठित हो जाती है। जीवन के सौन्दर्य को लील देने वाले इन अन्तर्विरोधों के उत्पादन से ही मानव के जीवन में सुन्दरता की स्थिति कायम होगी। इस लक्ष्य को साकार करने में कवि का अतुल कल्पना वैभव ही कवि का हथियार है। कल्पना के बल पर कवि वर्तमानता की सीमाओं को लाँघता है तथा सुन्दरता की

ओर अग्रसर होने का स्वर्णिम रास्ता दिखाता है। कहने का तात्पर्य यह है कि कलाकार कल्पना से अपने समय की सीमा को पंहचानता है तथा इस पहचान के माध्यम से जीवन के अन्तर्विरोधों से उपजी सौन्दर्य की रिक्तता को कल्पना के ज़रिये भर देता है। यह कल्पना काल के घावों पर मरहम लगाने वाली है। इसके अभाव में मानव जीवन के भविष्य का रूप निर्धारित नहीं किया जा सकता, कल्पना से समस्त जीवन का रहस्य खुल जाता है, यथार्थ का सूरज चमकने लगता है। जयशंकर प्रसाद की राय में, "यह कल्पना मनुज जीवन प्राण है और विशद व्योम समान है।" इसलिए कल्पना से/सपनों से पलायन जीवन से पलायन है जो मानव की सुन्दरता पर आघात पहुँचाने वाला है। कल्पनाविहीन समाज में अन्धकार का राज होता है, ऐसे समाज की ऊर्ध्वगामी यात्रा अवरुद्ध हो जाती है। लेकिन मानव के मन की अन्तहीन जिजीविषा किसी भी हालत में हार नहीं मानती, कविता इस जिजीविषा को ज्वलंत बनाये रखती है, इसी में कविता की सुन्दरता है, यही कविता की पँक्तियों की प्रासंगिकता भी है। इसलिए सुन्दर भविष्य के निर्माण के लिए नसों में प्राण संचरण करने वाली कविता की भाषा भी तदनुरूप सुन्दर होती ही है।

कवि जीवन की गतिरोधकता को गतिशीलता में बदल देता है। इस परिवर्तन का कारक तत्व कल्पनाजन्य विचार है। विचार शब्द के भीतर समाया हुआ है। मानव जीवन की संचालिका शक्ति मानव के भीतर उपस्थित शब्द की शक्ति है। शब्द की शक्ति शब्द में स्थित विचार रूपी अर्थ की शक्ति है। कल्पना के माध्यम से उदभूत नवीन विचार में तो स्वाभाविक रूप से नवीन जीवन बोध सन्निविष्ट रहता है। यह नवीन जीवन बोध ही मानव की सुधरी हुई स्थिति है, अर्थात संस्कृति है। इस अन्दाज़ में मानव की सांस्कृतिक स्थिति शब्दों की नवीन अर्थ स्थिति है। यह मानव की गम्भीर कल्पनात्मक वैचारिक प्रक्रिया का ही फल है। इसलिए वासुदेव नारायण अग्रवाल कहते हैं—"मानव अपने वैचारिक स्तर पर जो चिन्तन–मनन करता है वही संस्कृति का रूप धारण करता है।" एक प्रकार से मानव की वैचारिक गरिमा ही सांस्कृतिक गरिमा है, उसका बाह्य क्रियात्मक रूप जब जीवन में प्रतिफलित होता है, वही सभ्यता कही जाती है। विचार के अनुरूप ही मानव की सामाजिक क्रिया निर्धारित होती है। कविता इस नज़रिये

से कल्पनाजन्य होते हुए भी शब्द के परिष्कार के माध्यम से शब्द के अनगिनत अर्थ की सम्भावनाओं की तलाश करती है या प्रयोग से घिस–घिसकर नष्ट हुए शब्दार्थ को नवीन आलोक में प्रस्तुत करती है। तीसरे सप्तक के कवियों की मंशा यही रही है—"कवि का उद्देश्य शब्द की निहित सत्ता का पूरा उपयोग करना नहीं, बल्कि उसकी जानी हुई सम्भावनाओं के परे तक उसका विकास करना है। इसलिए शब्दों का अध्ययन एवं उसका विश्लेषण मानव के आलोचनात्मक सर्जनात्मक हस्तक्षेप का विषय बन जाता है।"

समकालीन कविता वर्तमान जीवन की अनियमितताओं को प्रश्नांकित करती है और मानव के विवेक को जगाये रखती है। जीवन में सन्निविष्ट अनियमितताओं को पाठकों के सम्मुख पेश करने के लिए उपयुक्त शब्दों का चयन आज के कवि के लिए एक चुनौती है। जब जीवन का आयाम पल–पल विस्तार पा लेता है तो उसके अनुरूप भाषा का दायरा भी विस्तृत होता चला जाता है। इसका तात्पर्य यह हुआ कि जीवन के विकास/विस्तार के अनुरूप भाषा एवं भाषा के विस्तार के अनुरूप जीवन का विस्तार होता चला जाता है। यह विस्तार तो शब्दों के अन्तर्निहित अर्थ का ही विस्तार है। भविष्य के प्रोद्घोषक के रूप में कवि का उत्तरदायित्व यह होता है कि वह शब्द के भीतर उपस्थित अर्थ की परतों को नवीन ढंग से उद्घाटित करे। कवि का काम नवीन अर्थ का अनुसन्धान है। दूसरी भाषा में नवीन जीवनालोक के परिप्रेक्ष्य में बदलती ज़िन्दगी के किसी क्षण के अनुरूप भाषा के शब्द नया लिबास धारण कर पाठकों के सम्मुख अवतरित होते हैं। शब्द एक प्रकार से नया व्यक्तित्व धारण कर नवीन अर्थवत्ता को बिखेरने लगता है। अर्थ के फैलाव की किसानों के कार्य से तुलना करते हुए केदारनाथ सिंह कहते हैं—"हमें (शब्दों को) फैलाओ/जैसे किसान फैलाता है बीजों को।" शक नहीं कि कवि कर्म किसान का काम है। कवि शब्द रूपी बीज का वपन करते हुए अनगिनत शब्दार्थों का जनक बन जाता है। जब पाठक के मन रूपी उर्वर मिट्टी में शब्द पैठ जाता है तो शब्द नवीन विचारों का रूप धारण करता है। यही विचार मानव की सामाजिक क्रिया का आधार तत्व है। शब्द परिवर्तन जीवन की दिशा नियन्त्रित करता है। कवि शमशेर का कथन है—"शब्द का परिष्कार/स्वयं दिशा है।" यही परिष्कार एवं दिशा निर्देशन कवि के बुनियादी अस्तित्व का

दस्तावेज़ है। भरतभूषण अग्रवाल असीम स्थैर्य एवं धैर्य के साथ यह उद्‌घोषणा करते हैं—''हमको न ज़रूरत आज देववाणी की/हम ख़ुद डालेंगे, जीवन की मटकी में भाषा/जी चाहा रूप बना देंगे।'' शब्द के भीतर निहित परम्परा से आकलित शब्द की अर्थवत्ता के साथ कवि का ताल्लुक नहीं, कवि शब्द के भीतर नवीनता की तलाश करता है, क्योंकि शब्द ही कविता का माध्यम है। उसके माध्यम से संसार की अनुभूति सम्भव है। इसलिए कविता यदि अनुभवों का समाहार है तो वह शब्दों का समाहार है। इस दृष्टि से नवीन अनुभवों का अनुसरण नवीन भाषा के अनुसरण का पर्याय बन जाता है।

अर्थ की बहुस्तरीयता कविता का आधार है। अर्थ की अनन्तता में कविता जीवित रहती है। जब अनुभव व उस अनुभव की अभिव्यक्ति की भाषा में परिपक्वता रहती है, तभी उज्ज्वल कविता अवतरित होती है। इस समय विश्वभाषा वृक्ष के शब्द अपने मौन को त्यागकर बोलने लगते हैं। उसका पूर्ण रूप कविता में साकार होता है। अपने मौन की पट्टी को खोलकर शब्द हमारे पास अवश्य आयेंगे। कवि की उम्मीद है—''शब्द वे लौटेंगे निश्चय/समय के कहने से।'' अडिग प्रतीक्षा है—''धरती पर एक हरी पत्ती/ओसकणों के लिए/अब भी रात बीतने का/इंतज़ार कर रही है।''

कविता अभाव की कहानी सुनाती है। खासकर पर्यायवरणीय कविताओं में 'अभाव' सूचक शब्द भरे पड़े हैं, यह ख़ासियत इसलिए नज़र आती है कि नष्ट होते जा रहे प्राकृतिक संसाधन को पुनः प्राप्त करने की ललक एक ओर है मानव के हृदय में, तो दूसरी तरफ़ नष्ट हुए प्राकृतिक वैभव पर आक्रोश है, रुदन है, प्रतिशोध है। लौटना, न, नहीं, हीन, कम होना, कटना जैसे शब्द प्रकृति के अभाव की गाथा गाते हैं। उदाहरण देखिए–

1. *करुणा की कमी पड़ गयी है*
   *इतनी कम पड़ गयी है कि करुणा की*
   *बर्फ़ पिघल नहीं रही है।*

**—भगवत रावत**

2. *हवा कम हो रही है*
   *पीने के पानी तक का अकाल।*

**—नवल शुक्ल**

3. *कट रहे हैं, वृक्ष सारे*
*फैलती दूषित हवा।*

—इन्दु सिन्हा

4. *हम तो फँस गये यार अमेरिका आके*
*भावना से हीन हो गया*
*आदमी मशीन हो गया।*

—हुल्लड़ मुरादाबादी

आज का कवि यह महसूस करता है कि प्रकृति ही भाषा बन जाती है। यदि पौधों में 'फूल' नहीं होता तो क्या हमारे शब्दकोशों में 'फूल' शब्द रहता। प्रकृति के उपादानों की मदद से ही मानव की भाषा पूर्णता को प्राप्त करने का प्रयत्न करती है। मानव की भाषा में प्रयुक्त अनगिनत उपमेय प्रकृति से सम्पृक्ति रखते हैं। इसलिए हम वीरों की तुलना 'सिंह' से व सुन्दरियों की तुलना 'हिरण' से करते हैं। बाँस की दरारों से जब हवा निकलती है तब वह 'राग' की स्वर्गीय दुनिया का सृजन करती है, मानव उसका 'अनुकरण' करता है, संगीत का आनन्द उठाता है। विभिन्न अलंकारों में प्रयुक्त अनुकरणात्मक ध्वनियों/शब्दों का भी प्रयोग प्रकृति से ही मानव को प्राप्त हुआ। पक्षियों की चहचहाहट में, नदियों के कलरव में, जानवरों के गर्जन–तर्जन में सब ध्वनियों की क्रमबद्धता या आवृत्ति है। यही क्रमबद्धता कविता में अलंकार/छन्द आदि का रूप धारण करती है। मानव का मन अपने जीवन के सीमातीत अनुभवों का सरोकार प्रकृति के साथ करता है, इसलिए समुद्र में विस्तार, सर्प में क्रूरता, नदी में तरलता का दर्शन करता है। तात्पर्य यह है कि मानव की भाषा की 'निर्मिति' में बाह्य प्रकृति का योगदान अनूठा है। आज का कवि यह महसूस करता है कि—यह तुम्हारी ही हरियाली है जो हमारी नसों में बहती है।

मानव की संस्कृति की नींव तो भाषा है, जो प्रकृति का ही विस्तार है। समकालीन कविता प्रकृति की भाषा को समझती है। उसके दुःख–दर्द को अपनी वाणी में सोखती है और हरदम यह अनुभव करती है–''आकाश की खुशी में/नन्हीं–सी चिड़िया उड़ना सीखती है।'' आज हमारी भाषा की सम्पदा गायब होती जा रही है। भाषा के नाश से मानव की आत्मा नष्ट हो जाती है। मानव की सांस्कृतिक धरोहर का आधार हमेशा भाषा ही रहेगी। भाषा के क्षरण से आदमी का दिल

कठपुतली बन जाता है, मानव की आत्मा बिक जाती है। आदमी के मन में रेत के मकान बन रहे हैं। मानव को पूर्ण रूप से परास्त करने के लिए भाषा पर कब्ज़ा करना होता है। आजकल बाज़ार की पकड़ भाषा पर है। राजेश जोशी की पँक्तियाँ हैं—

*बाज़ार पहले ही चुरा चुका था, हमारी जेब में रखे सिक्कों को*
*और अब वह सौदा कर रहा था हमारी भाषा का*
*और हमारे सपनों का/पुराने अनुभव की कमीज़ पहनकर*
*नये विमर्श की शब्दावली के सामने खड़ा था मैं अब बकाया हुआ*
*और नये बाज़ार में सौदा सुलुफ करता*
*एक विदूषक की तरह लग रहा था*
*महत्त्वाकांक्षा के माया लोक में कहीं नहीं थी हमारी भाषा*
*कहीं दूर, कोने कुचालों से कभी–कभी सुनाई पड़ती थी*
*उसकी बहुत धीमी और पराजित आवाज़*
*बिना लड़े ही हम हार रहे थे अपनी लड़ाई।*
*भाषा की आवाज़।*

कवि विनोद पदरज का कहना है कि जिसके दिल में नदी, मेघ, जंगल, फूल रहता है, ऐसा व्यक्ति कभी भी क्रूर, कामी, कुटिल, धूर्त नहीं बन सकता। कवि के ही शब्दों में–

*क्रूर, कामी, कुटिल, धूर्त, क्षुद्र और दंभी नहीं*
*ऐसा मनुष्य/जिसके भीतर नदी है*
*घुमड़ते मेघ/कलकल झरने*
*घटाटोप जंगल/गरिमामय पहाड़*
*और धूल धुएँ में/शीत घाम में*
*खिल–खिल हँसते/भाँत–भाँत के*
*रंग–बिरंगे/जाना गन्धी*
*फूल ही फूल ही फूल।*

जिस काल में नदी, फूल, जल, जंगल को मिटाने की शक्ति सक्रिय हो जाती है, बुरे लोगों की नज़रों से प्यारी दुनिया को बचाने के लिए मानव, प्रतिरोध के राजमार्ग पर अग्रसर होने के लिए सन्नद्ध होता है। प्रतिरोध मानव की जीवन्तता एवं सजगता का प्रमाण है। प्रतिरोध के ज़रिये मानव अपनी बुनियादी प्राकृतिक प्रवृत्ति का उद्‌घाटन करता है। प्रतिरोध विचार है जिसकी सहायता से मानव अपनी ज़िन्दगी के सफ़र

को आगे बढ़ाता है। मानव इसलिए प्रतिरोध के कार्यों में जुट जाता है जिससे ज़िन्दगी के विविध आयामों में अपनी अस्मिता प्रतिष्ठापित की जा सके। मानव एक ऐसा प्राणी है जो अपने जीवन की सार्थकता को पाने की कोशिश करता है।

कला एवं साहित्य के सन्दर्भ में 'विकास' शब्द का अपना अलग स्थान है। यहाँ विकास से तात्पर्य यह है कि मानव अपने उच्चतम विचारों के माध्यम से आन्तरिक दृष्टि से सम्पन्न हो जाये और वह अपने अन्तर्जगत् का विकास करे। इसलिए प्रतिरोध व्यक्ति के आन्तरिक एवं बाह्यजगत की ज़िन्दगी को सरल एवं सुन्दर बनाने का कार्य है। इसलिए प्रतिरोध एक सांस्कृतिक कार्यक्रम का रूप धारण करता है। सांस्कृतिक कार्यक्रम वह है जो मानव को अपनी पूर्व स्थिति से उठाकर बेहतर स्थिति की ओर ले जाता है। जब मानव के जीवन में गतिरोध का आगमन होता है तब उस गतिरोधता को गतिशीलता में परिवर्तित करने के लिए प्रतिरोध की सख़्त ज़रूरत पड़ती है। ज़िन्दगी के आगामी प्रयाण के विशेष सन्दर्भ में मानव के सांस्कृतिक मूल्यों की अर्थवत्ता प्रयोग एवं आचरण के माध्यम से घिस जाती है, इस घिसन–रिसन के ज़रिये संस्कृति के भीतर से अपसंस्कृतिकरण के तत्व उभर आते हैं, यह एक स्वाभाविक प्रक्रिया है। इस सन्धि स्थल पर कवि या कलाकार अपनी लेखनी के माध्यम से, जिस प्रकार किसान मिट्टी तोड़ता है, उसी प्रकार कवि परम्परा को तोड़कर मानव को स्वार्थता, असंवेदनशीलता, हृदयहीनता, आत्मकेन्द्रण, व्यक्तिवादिता के चंगुल से मुक्त करता है। जहाँ मानव अपने सामाजिक जीवन में 'स्व' तक केन्द्रित होता है तो वहाँ जीवन में गतिशीलता का अभाव रहेगा। गतिशीलता से मेरा तात्पर्य नये विचारों के अंकुरण, पल्लवन एवं परिव्यापन से है। नये विचारों के प्रक्षेपण से स्वाभाविक रूप से मानव अपनी ज़िन्दगी के उच्चतम मूल्यों को आत्मसात कर सकेगा। यदि मानव प्रतिरोध का रास्ता नहीं अपनायेगा तो जीवन के उच्चतम मूल्यों को अभ्यंतरीकृत करना असम्भव हो जायेगा।

यहाँ स्वाभाविक रूप से एक सवाल खड़ा होता है कि मानव की ज़िन्दगी का सर्वोत्तम मूल्य क्या है? निस्सन्देह हम बता सकते हैं कि स्वतन्त्रता ही वह मूल्य है। मानव के अन्तरतम में स्थित शक्ति विशेष को उसकी चरम सम्भावनाओं तक पहुँचाने की परिस्थिति ही स्वातंत्र्य है। यह

मानव के मन की स्वाभाविक प्रकृति है। मानव में अन्तर्भूत सर्जनात्मकता का पल्लवन भयमुक्त सामाजिक व्यवस्था में ही सम्भव है। भय तो सभी प्रकारों के आतंक का उत्पाद है। इसलिए समाज में उपजने एवं उभरने वाले समस्त भयोत्पादक तत्वों के निराकरण के लिए स्वतन्त्रता अत्यन्त अपेक्षित है, यही स्वतन्त्रता जीवन की गति का आधार है। प्रतिरोध का स्वर स्वाधीन मानव को स्वाधीन, विवेकशील प्राणी को विवेकशील बनाने का सामाजिक कार्यक्रम है, इसी से मानव के इतिहास का निर्माण सम्भव होता है। ये प्रतिरोध के स्वर भौतिकवादी, लोकवादी, मानवतावादी रूप में साहित्य के विभिन्न स्तरों पर अनुगूँजित होते रहते हैं। ये स्वर आभिजात्यता के विरुद्ध समस्त अधिनायकत्व के प्रति विकसित सांस्कृतिक शंखनाद हैं। प्रतिरोध अन्तरंगता से उदभूत होता है तथा समस्त प्रकार की जड़ता का उन्मूलन कर आगे बढ़ता है। श्रेष्ठ सांस्कृतिक विचारों के बल पर इस गन्तव्य तक हम पहुँच सकते हैं, अन्यथा नहीं।

संस्कृति अपने मूल में सुधरी हुई स्थिति को सूचित करने वाली संज्ञा है। यह मानव जीवन और व्यक्तित्व को सम्पन्न बनाने वाली है और कर्मक्षेत्र में जो कार्य करता है, वही संस्कृति है। इसलिए संस्कृति मनुजत्व देने वाले विशिष्टतम तत्वों में अन्यतम है। संस्कृति के अन्तर्गत जीवन के उपकारी तत्व, यानी आदर्श, मूल्य एवं ज्ञान शामिल है तथा एक सामाजिक प्राणी के रूप में जीवनयापन करते हुए जिन क्षमताओं व शक्तियों का विकास मानव करता है, वही संस्कृति है। इससे स्पष्ट होता है कि संस्कृति मानव की सर्जनात्मकता का पर्याय है। इस दृष्टि से संस्कृति ज्ञान या विचार का पर्यायवाची बन जाती है। यही ज्ञान समाज की संचालिका शक्ति है। आज की संस्कृति पूँजी की संस्कृति है। बाज़ारीकरण, मशीनीकरण, अमानवीकरण, वस्तुकरण, असंस्कृतिकरण, मूल्य–विध्वंस आदि तो पूँजीवादी संस्कृति के आतंक हैं। यहाँ तो मानव नहीं, पार्थिव धन मात्र है। सेवा, त्याग के लिए यहाँ कोई ठौर नहीं, लूट–खसोट का साम्राज्य है। तकनीकी या भोगवाद की प्रक्रिया में मानवता के दीप धुँधले हो जाते हैं, सुखवाद या भोगवाद का चरम विकास हो रहा है। आजकल असभ्यता मानव का 'मूल्य' बन गयी है। इस अवसर पर कवि दलाल या सौदागर का काम नहीं कर सकता। असीम स्थैर्य एवं धैर्य के साथ ऐसी अमानवीय संस्कृति का प्रतिरोध करना काल की माँग है।

मानव का जीवन मानवीय मूल्यों के अभाव में यन्त्रवत बन जाता है, यही मानव के मन का मरुस्थलीकरण है। मानव का यन्त्र बन जाना एक प्रकार से मानव के मन का असंवेदनशील हो जाना ही है। असंवेदनशील हो जाने का तात्पर्य सपनों के जगत से पलायन से है, यह पलायन ज़िन्दगी से मानव का पलायन है। दूसरे शब्दों में कहा जाये तो, प्रतिरोध का निराकरण है। सपनों का मर जाना विचारों का, भाषा का मर जाना है। अतएव, भीषण वर्तमान में भाषा के अस्तित्व को बचाकर रखने के लिए सावधानी बरतने की ज़रूरत है—"एक लेखक जब अपनी मृत्यु के घोषणा–पत्र पर/हस्ताक्षर कर दे/तो सावधान होना चाहिए/सावधान!/कि आ पहुँचा है/भेड़ियों का झुण्ड/भाषा के बीहड़ तक।" (रामकिशोर मेहता)

सपनों के नष्ट हो जाने से मानव जीवन से कट जाता है। जब मानव जीवन से कट जाता है तब मानव–मानव के बीच के प्यार का धागा टूट जाता है। यह प्यार जीवन का आधार है। प्यार मानव को अत्यन्त संवेदनशील बना देने वाला हृदय का कोमलतम तत्व है। संवेदनशीलता से तात्पर्य दूसरों के मनोजगत में प्रवेश करते हुए उसके सुख–दुःख को पहचानने की ताक़त है, यही मनुजत्व की मिट्टी है। आजकल यह मिट्टी बंजर होती जा रही है, जीवन की सुगन्ध दूर चली जाती है। जी–जी में प्रकृति से घुल–मिलकर रहने की तीव्र इच्छा जताते हुए आज का कवि प्रकृति की भाषा को अभ्यन्तरीकृत करता है–

*मुझे देखने दो थोड़ा–सा नीला आसमान*
*और उड़ते हुए कुछ बादल/इशारे लगती है आज़ादी बची है अभी*
*लगने दो खुली देह में हवा/मेरे रोयें फहरने दो*
*लगता है साँस बची है*
*देखने दो गंगा प्रवाह, बहता सैकड़ों नदों–नदियों का पानी*
*लगता है सब के लिए जगह है पृथ्वी पर*
*बहने दो गंगा को सागर की ओर*
*मैं भी जाऊँगा गंगा सागर/एक बार एक बार गंगा सागर।*

**—अरुण कमल**

सख़्त संवेदनशीलता समकालीन काव्यात्मक संस्कृति का लक्षण है। यह स्थिति व्यापक अन्तर्विरोधों व चुनौतियों की उपज है। कवि जीवन की नमी को बनाये रखना चाहता है, मृत्यु से जीवन के रास्ते

पर हमें ला खड़ा कर देता है। बहुस्तरीय विद्रूपता के युग में आशा का प्रभात दिखाता है। यह अमानवीकरण के विरुद्ध एक टीका है, दवा है। समकालीन कवि के लिए कविता एक जैविक प्रक्रिया है, क्योंकि इसमें मानव की स्मृति है, जागरण है, उन्नयन है, दिल की धड़कनें हैं, आशाएँ हैं, आकांक्षाएँ हैं। कवि का सम्बन्ध कच्ची एवं सच्ची ज़िन्दगी से है, भोगे नग्न यथार्थ से है। आत्मानुभूत जीवनानुभूति के अभाव में लेखनी अधूरी रह जाती है। समकालीन कवि जीवन रूपी नदी में उतरकर अपनी जीवन्तता को प्रमाणित करता है। संवेदना का परिष्कार कर मानवीयता का प्रचार–प्रसार करता है। वर्तमान व्यवस्था में उत्पाद एवं उपभोग की अधिकता है, शोषण की विकृति है, प्रकृति का विध्वंस है। इससे मानव के अन्तस की उदात्तता खारिज होती जा रही है। असत्य का प्रकोप मानवीयता की मृत्यु का कारण बन जाता है, मानवीयता की मृत्यु सत्य की मृत्यु है। यही मानवीयता मानव के अस्तित्व का प्रमाण है। यादवेंद्र शर्मा 'चंद्र' की कविता 'सत्य उड़ता है' में इस भाव का काव्यात्मक रूप देखने को मिलता है–

*सत्य तब थकता है/जब हमारे चतुर्दिक*
*उग आती हैं कृत्रिमताएँ/अलक्ष्य स्थितियाँ*
*चुभनशील सन्नाटे/अगोचर अत्याचार*
*पाप पतन अनाचार के/बन जाते हैं जब चक्रव्यूह*
*उग आते हैं रोम–रोम में/कपट घाव।*
*संवेदनशीलता की, की जाती है हत्या/मनुष्य हो जाता है आदमखोर*
*तब सत्य थकता है।*

प्रकृति की 'बहुस्वरता' प्राणी समूहों की विविधता, जनितकीय विविधता आदि को सूचित करने वाला शब्द है। इन विविधताओं के अभाव में मानव की अवस्थिति असम्भव है। इसलिए आजकल चिर विकास का नारा बुलन्द होने लगा है। चिर या स्थायी विकास की मूल चेतना इस पृथ्वी पर मानव जाति की जैविक अवस्थिति को सुनिश्चित करना है। इससे विलगकर मानव इस संसार में आगे नहीं बढ़ पायेगा। पृथ्वी पर ज़िन्दगी की गति चाक्रिक अवश्य है। सबके सब एक–दूसरे से प्रत्यक्ष एवं अप्रत्यक्ष रूप से जुड़े हुए हैं। हमें जीने की जो परिस्थिति मिली है उसे जान की तरह सुरक्षित रखना हमारी ज़िम्मेदारी है। पृथ्वी को आगामी

पीढ़ी के जीने लायक बनाना हमारा काम है। प्रकृति के विभिन्न प्राणियों के परस्पर सम्बन्धों की बारीकियों को जानना हमारे लिए अत्यन्त अपेक्षित है। सर्वत्र अभावों का जंगल विस्तृत होता जा रहा है। सुशान्त सुप्रिय की कविता 'विडम्बना' आज के मानव के ख़तरनाक जीवन की विडम्बना का पर्याय बन जाता है और अरुणाभ सौरभ की कविता पाठकों के सम्मुख यह दर्शन रखती है कि प्रकृति का सान्निध्य जीवन की वृद्धि–समृद्धि है–

1. *कितनी रोशनी है/फिर भी कितना अँधेरा है*
*कितनी नदियाँ हैं/फिर भी कितनी प्यास है।*
*कितनी अदालतें हैं/फिर भी कितना अन्याय है*
*कितने ईश्वर हैं/फिर भी कितना अधर्म है*
*कितनी आज़ादी है/फिर भी कितने खूँटों से बँधे हैं हम।*

2. *कहीं चले गये हैं पेड़ की डाल से पंछी/उदास हो कर*
*नहीं है बसेरा गिद्ध का ताड़ पर/बिज्जू आम की डाल से*
*मधुमक्खी का छत्ता/और धूल भरे आसमान में*
*दोनों पाँव थोड़ा उचक गया है–गाँव*
*ऐसे बे–मौसम कैसे गाई जाये ठुमरी–कजरी*
*जब गाँव के किस्से कहानी का/परान ले जाये कोई जमदूत*
*कि लोक गीत गाने वाली औरतों के सुर, लय, तान*
*कण्ठ में छाले पड़ने से नहीं*
*अपने शरीर के क्षत–विक्षत होने के डर से*
*गुम हो चुके हैं।*

प्रकृति के वैभव के नाश से प्रकृति की समस्त सुन्दरता गायब हो जायेगी। इसके नष्ट होने से यहाँ हड्डियों का ढेर खड़ा हो जायेगा। सुखमय जीवन तभी होगा जब हमारे आस–पास पेड़ होंगे, कोयलें होंगी, पपीहे होंगे। कविता बोल उठती है—"जहाँ नहीं होते पेड़/नहीं होती हरियाली/नहीं होते झरने/वहाँ नहीं कूकती कोयल/नहीं गाता पपीहा/पेड़–पौधे से दूर/सीमेण्ट कंक्रीट के जंगल में/तुम रह सकते हो अकेले।" (महेन्द्र सिंह) पर्यावरण के विनाश से गरीबी का भी विस्तार होता रहता है। दूसरी तरफ़ अरब–खरबपतियों की संख्या बढ़ती जा रही है। प्राकृतिक वस्तुओं का उपयोग हम विवेक के बल पर करें, सामूहिक एवं आवश्यक उपयोग की शिला पर हमारा जीवन सुदृढ़ हो। हमारे जीवन के चारों तरफ़ फैलने वाली असमानता को कवि

कैसे अनदेखा कर सकता है। समता, बन्धुत्व, भाईचारा और पर्यावरण के साथ हृदयवत् सम्बन्ध की उपस्थिति जीवन में ख़ुशहाली भर देगी–

*इस नये खुले मॉल और सुबह से शाम तक*
*सड़क पर पत्थर कूटती*
*इस साढ़े पाँच वर्ष की बच्ची के बीच*
*पूँजी के कौन से समीकरण हैं*
*हमारे समय के अधिकांश बुद्धिजीवी जानते हैं*
*वे जानते हैं कि मॉल की जगमगाहट*
*अपने पिछवाड़े ढेर–सा अन्धेरा उगल रहा है*
*डूब जायेगा जिसमें बच्ची का जीवन धीरे...धीरे...*

**—निर्मला गर्ग**

प्रकृति के संसाधनों पर सबका समानाधिकार है। आतंक का जाल बिछाकर, भय का हथियार दिखाकर सब कुछ छीन लिया जाता है। हम इस जीवन्त सच्चाई की ओर दृष्टिपात करें। हमारी सावधानी ही प्रकृति को बचाने का पहला कदम है। स्वदेश भारती का कथन है—"नरसंहार, रक्तपात, घात–प्रतिघात/घृणा के विषपायी मन्त्र/युद्ध सदा ही हाहाकार, संताप, विनाश लाता है।" यह विनाश तो मानव के आत्मतत्व पर कुठाराघात करता है। मैनेजर पाण्डेय का कथन है—"नयी पीढ़ी के सामने मानवीय संवेदना, देशप्रेम, समाज की चिन्ता, पीड़ितों और दुखियों से सहानुभूति आदि की सारी सम्भावनाओं को पूँजीवाद की संस्कृति नष्ट कर रही है। हमें यह भूलना नहीं चाहिए कि 'प्यार और मैत्री जीवन के/चरम सत्य हैं।" (कुमार जीतू गुप्ता) प्रकृति की महत्ता हम समझने लगे हैं, उसके साथ अभिन्नत्व की स्थापना करके ही मानव नयी दुनिया खड़ा कर सकता है–

1. *जिसने भी*
*मेरी ओर हाथ बढ़ाया*
*मैंने उसे फूल पात दिये*
*या दी उसे अपनत्व की छाया*
*फल दिये या ईंधन दिया*
*मैं पेड़ हूँ*
*पर किसी को खाली हाथ कभी नहीं*
*लौटाया!*

**—रामकुमार आत्रेय**

2. *सींचेंगे ममता समता को*
*नयी पौध के लिए बदल*
*देंगे तारों की चाल*
*नया भूगोल बनायेंगे।*

**—विश्वनाथ त्रिपाठी**

हमें यह भूलना नहीं चाहिए कि जब हम पर्यावरण पर कुल्हाड़ी लगाते हैं तब हम अप्रत्यक्ष रूप से जीवन की जड़ों को सदा के लिए उखाड़ फेंकते हैं। प्रकृति की सम्पन्नता को पैसे के बल पर नहीं ख़रीदा जा सकता। आज के दुकाल में सर्वत्र अन्धकार व्याप्त हो रहा है। "प्रकाश की किरणें विलीन होती जा रही हैं। यह तो शुभ लक्षण नहीं, अशुभ लक्षण हैं।"(रमेशचन्द्र द्विवेदी) आशा की जा सकती है कि इस खिली धूप में रात का फैलाव न हो जाये। प्रकृति के साथ आत्मस्थ सम्बन्ध समकालीन कवियों के पर्यावरणीय दर्शन का नींव का पत्थर है। उपर्युक्त विवेचन से स्पष्ट होता है कि समकालीन कवियों की लेखनी में पर्यावरण अवबोध है जो वर्तमान मानव जीवन को संकीर्णताओं से मुक्त करने में सक्षम है, मानव के दिल में नवीन चेतना फैलाने में सफल हैं।

# पर्यावरण और समकालीन हिन्दी कथा साहित्य

*एक विराट वृक्ष की/क्षमता लिए/समय पाकर/दबा हुआ बीज*
*धरती से जूझकर/अन्ततः निकल ही आया बाहर*
*वह जितना बाहर निकल रहा है उतना ही भीतर तक जाता है*
*बाहर निकलकर/धरती से उसका जुड़ाव कम नहीं होता*
*वह धरती को पकड़ता है।*

**—राधेश्याम तिवारी**

कथा साहित्य आधुनिक जीवन की व्यथा, समाज के स्पन्दन और महाकाव्यात्मक पीड़ा को अभिव्यक्त करता है जो असल में समाज का रूपक है। कथा साहित्य का वाचक कथाकार की वैयक्तिक अनुभूति के क्षण के अनुरूप अपने को ढालने के लिए नवीन वैचारिक उपक्रम को खनन करके निकालता है। इस खनन से समाज के चरित्र का सही अंकन आज का कथाकार करता है। हिंसा का जो रूप पूँजीवादी संस्कृति का उत्पाद है, आजकल विस्तृत होता जा रहा है, उसको शब्दबद्ध करना इस कठिन समय में साहस भरा काम है। हमारी आँखों के समक्ष जो आलोड़न–विलोड़न व्याप्त है, जीवन के सौन्दर्य को हतप्रभ करने वाले घिनौने कार्य किये जा रहे हैं, उनका सच्चा चिट्ठा समकालीन कथा साहित्य के शब्द–शब्द में परिव्याप्त है।

भारत में अंग्रेज़ों के आगमन से औद्योगिकीकरण की प्रक्रिया बलवती होती गयी। उन औद्योगिक या सम्बन्धित संगठनों की भाषा अंग्रेज़ी रही। जो इन संगठनों में काम करता था अपनी भाषा को छोड़कर अन्य भाषा (अंग्रेज़ी) स्वीकार करने के लिए मज़बूर हुआ। इस मज़बूरी का नतीजा यह हुआ कि समय के प्रवाह में उसे अपनी निज भाषा से कटकर वाणिज्य या व्यापार की भाषा या जीविका चलाने के लिए

अन्य भाषा को स्वीकार करना पड़ा। अंग्रेज़ी भाषा एवं संस्कृति के प्रचार–प्रसार के लिए सत्ता का समर्थन प्राप्त होता ही रहा। तन–मन से उपनिवेशीकृत जनता में दासता की भावना को कूट–कूटकर भरना उपनिवेशकों का मूलभूत लक्ष्य रहा है। नवजागरणकालीन परिस्थितियाँ इसके लिए अनुकूल थीं। अंग्रेज़ी भाषा के माध्यम से शिक्षित लोग उपनिवेशीकृत हुए। भारत में पाश्चात्य मापदण्ड के आधार पर विकास की परिकल्पनायें विकसित हुईं। स्वातंत्र्योत्तर भारत की स्थिति यही रही। 1990 के बाद उदारीकरण की पकड़ मज़बूत होती चली गयी। उसके द्वारा पालित–पोषित संस्कृति जिस अनुपात में बलवती होती जा रही है, उस अनुपात में प्रकृति एवं भाषा की विपुलता भी अप्रत्यक्ष होती जा रही है, इससे जीवन के आधार काँपने लगते हैं।

भाषा की विविधता संस्कृतियों की विस्तारता है पर पूँजीवाद संस्कृतियों की बहुलता का विरोध करता है। बहुस्वरता का निष्कासन बाज़ारवाद की गुप्त कार्यसूची है। बाज़ार का विस्तार उपभोग का विस्तार है। इस उपभोगवादी संस्कृति के माहौल में मानव बाज़ार के पदार्थों के इस्तेमाल करने का एक उपकरण मात्र रह जाता है। वह मानव की भाषा को, खाद्य पदार्थों को, शरीर को, यहाँ तक कि मन–मस्तिष्क को अपने हित के अनुकूल मरोड़ता है, हम सब प्रकारों से बाज़ार के एकनिष्ठ दास बन जाते हैं। इसका प्रतिरोध गाँव–गाँवों में प्रचलित संस्कृतियों की विपुलता के बल पर, खाद्य की विविधता के बल पर कर सकते हैं। हम बहुराष्ट्रीय कम्पनियों को हमारे रसोईघर में शासन करने से रोकें। हम आजकल यह देख रहे हैं कि बाज़ार गाँव के परम्परागत खान–पान की विविधता को ख़त्म कर रहा है और एकरसता का विष फैला रहा है। षड्यन्त्र यह है कि मानव की जिह्वा की रुचियों में परिवर्तन करके शरीर और मन को आसानी से गुलाम बनाया जा सकता है। इससे बाज़ार की सम्पन्नता सुनिश्चित किये जाने की मशक्क़त की जाती है। धन–बाज़ार की ताक़त जीवन के अतिजीवन की शक्ति को क्षीण बना देगी। परम्परा से आकलित जीवनानुभवों के बल पर विकसित संस्कृति को बाज़ारी संस्कृति के माध्यम से उलट–फेर किया जा रहा है। हमें सजगता से अपना काम लेना चाहिए। हमारे जीवन की विपुलता मानव की सामाजिक सर्जनात्मकता का उत्पाद है जो ज़िन्दगी की विपदावस्था में हाथ बँटाती है। इसलिए

मानव की सामाजिक सर्जनशीलता के, भूतकालिक अनुभव को बचाना अपने आप में मानव के जीवानाधार को बचाने का पहला कदम है।

एकांत श्रीवास्तव के उपन्यास 'पानी भीतर फूल' का अध्ययन इस सन्दर्भ में करना ज़्यादा युक्तिसंगत प्रतीत होता है। यह उपन्यास 'कुसुमपानी' गाँव की कहानी है जिसमें प्रस्तुत गाँव में प्रचलित खान–पान के विविध प्रकारों का उल्लेख है। जैसे—नूनचरा अचार, चुनचुनिया बाजी, झिपारी, तसमई, पताल की रोटी, अंगाकर रोटी आदि। यह सब उस गाँव के लोगों की ज़िन्दगी के अभिन्न अंग हैं। गाँव के लोग अपनी ज़िन्दगी बिताने के लिए जिन वस्तुओं का उपयोग करते हैं, उनमें मार्केट का आतंक नहीं। गाँव में प्रकृति की सरलता एवं सहजता रहती है, साथ ही उसमें प्रकृति के साथ सन्निकटता का बोध है। 'पानी भीतर फूल' उपन्यास में निताई और श्यामली के माध्यम से एकांत श्रीवास्तव ग्रामीण जीवन के प्रति अपनी गहरी संवेदना व्यक्त करते हैं। प्रकृति के प्रति उनका लगाव एक ऐसे आदर्श को हमारे सामने पेश करता है जो आज के भूमण्डलीय परिदृश्य में देखने को नहीं मिलता है। इसकी अभिव्यक्ति अनेक साहित्यिक उपादानों के माध्यम से कथाकार करता है। इसमें ग्रामीण जीवन में प्रयुक्त अनगिनत शब्दों का जान–बूझकर प्रयोग किया गया है, साथ ही पाठकों को ध्यान में रखते हुए ऐसे शब्दों के हिन्दी खड़ीबोली में अर्थ भी दिये गये हैं। उपन्यासकार गाँवों में प्रचलित भाषाई रूपों को प्रयोग के स्तर पर लाता है तथा कथाकार यह अनुभव करता है कि भाषा का एक जैविक आधार होता है जिसके अभाव में भाषा जीवित नहीं रह सकती है। भाषा में प्रयुक्त शब्द कुछ ध्वनियों का एक गुच्छा नहीं, उसकी अपनी एक खास दुनिया होती है, उसमें मानव के जीवन की आशा–आकांक्षा, स्मृति, इतिहास आदि सुरक्षित रहते हैं। भाषा में प्रयुक्त शब्द मकड़ी के जाल की भाँति जीवन के अनेक जीवन सन्दर्भों के साथ अपना नाता जोड़ते हैं। इसलिए शब्दों के घिस–घिसकर नष्ट हो जाने से भाषा के भीतर सन्निहित मानवीय भावनाओं की सुन्दरता, उसके जीवन सन्दर्भ, अनुभवगत वैविध्य नष्ट हो जायेंगे।

शब्द कामायनी और वरदायनी हैं। शब्दों का जीवित रहना मानवीय जैविक अनुभूतियों को बचाने का गुणात्मक मानवीय हस्तक्षेप है। शब्दों के माध्यम से जीवन के बहुस्तरीय सांस्कृतिक सम्बन्ध उद्घाटित होते

हैं। प्रस्तुत उपन्यास में इसलिए परम्परा से ग्रामीण जीवन में प्रयुक्त अनेक शब्दों का प्रयोग हुआ है, कथाकार की मंशा यही रही है कि शब्दों की मृत्यु की वर्तमानता में शब्दों को बचाने का एकमात्र उपाय प्रयोग के स्तर पर शब्दों को लाना है। शब्दों का सामाजिक प्रयोग शब्दों में प्राण संचार करने का एकमात्र उपाय है। नोनी (बच्ची), रँधा (घेरा), गोठियाना (बतियाना), डिपरा (ऊँची जगह), सल्लग (लगातार), दनगरा (दरार), डोंगरी (छोटी पहाड़ी), खोर (गली), बेहया (बेशरम), पैरा (पुआल) आदि शब्द इस कोटि के शब्द हैं। इसके साथ ही उपन्यासकार ने अपनी अभिव्यक्ति को वाणी देने के लिए प्रकृति के बेशुमार उपादानों का इस्तेमाल किया है। मायना यह है कि अभिव्यक्ति की पूर्णता के लिए मानव को प्रकृति का सहारा लेना पड़ता है। प्रकृति की विभिन्न वस्तुएँ ही साहित्यिक भाषा में उपमान, अलंकरण आदि के रूप में प्रयुक्त होती हैं, उसका सम्बन्ध मानव जीवन के निकटतम अनुभव संसार से है, इससे भावों की पूर्णिमा आती है, इसकी मदद से पाठक या श्रोता नैसर्गिकता से भावों या विचारों को आत्मसात करता है, इससे मानव का भाव व विचार जगत मजबूत होता है। प्रकृति से दूर होने या प्रकृति के वैभव के नष्ट हो जाने से इस प्रकार की सौन्दर्यात्मक, वैचारिक चेतना से हम वंचित रह जायेंगे। भाषा की सम्पन्नता प्रकृति की सम्पन्नता पर निर्भर है। उपन्यासकार इस सच्चाई से परिचित है, उपन्यास में प्रयुक्त भाषा के कुछ नमूने देखिए—(1) अतीत का कोई परिन्दा था, जो कभी–कभी वर्तमान के गुम्बदों में आकर बोलने लगता था। (2) विश्वास का सूर्य अपने पूरे तेज के साथ चमकने लगा। (3) प्रेम एक भंवर था, मन की नाव जिसमें गोल–गोल घूमती थी। (4) पूरब का आकाश पके दाड़िम–सा लाल दिखने लगा था। (5) सूखे पत्ते–सा चेहरा। (6) कहीं–कहीं धूप की आड़ी–तिरछी लकीरें ऐसी लग रही थीं, जैसे छाया के आँगन में धूप की रंगोली हो। भाषा की सर्जनात्मकता को बरकरार रखने या शब्दों को उनके ऐतिहासिक सन्दर्भ से मिलाने का प्रयास दलित आत्मकथाओं में भी पाठक देख सकता है। इस प्रकार का सर्जनात्मक उद्यम भाषा की जैविक शक्ति को संबल प्रदान करने वाला होता है।

'अहिरन' इंदिरा गोस्वामी द्वारा लिखित एक लघु उपन्यास है। छत्तीसगढ़ में बहने वाली अहिरन नदी पर निर्माणाधीन बाँध की विभिन्न

समस्याओं को उपन्यास का कथ्य बनाया गया है। बाँध असल में प्रकृति पर मानव द्वारा किये जाने वाले हस्तक्षेप का एक उदाहरण है। नदी के प्रवाह को रोकने में प्रकृति की स्वाभाविकता का निरोध है। इस बाँध की वजह से एक खास भू–भाग में स्थित आम जनता के जीवनाधार नष्ट हो जाते हैं तथा हज़ारों वर्षों से संचित वहाँ की प्राकृतिक जैविक व अजैविक वस्तुएँ सदा के लिए गायब हो जाती हैं। यहाँ तक कि इस बाँध का फ़ायदा उस जनता को प्राप्त नहीं होता है जो इस बाँध की वजह से विस्थापित होने के लिए मज़बूर होती है। विकास के नाम पर किये जाने वाले कार्य का लाभ समाज के मुट्ठी भर लोगों को ही प्राप्त होता है। शोषण के लम्बे इतिहास एवं औद्योगिकीकरण की एकपक्षीय गति की स्थिति को पेश करते हुए राकेश कुमार सिंह कहते हैं—"कुमाऊँ–गढ़वाल के हज़ारों वृक्ष रेल की पटरियों तले स्लीपर बिछाने हेतु कत्ल कर दिये गये। क्या झारखण्ड की पटरियाँ भी आम आदमी हेतु बिछाई गयी थीं?" आम जनता के जीवन को गिरवी रखते हुए कुछ लोगों के जीवन की सुविधाएँ बढ़ाने और विकास, रोज़गार आदि के नाम पर इस प्रकार की योजनाएँ बनाई जाती हैं। पूँजीवादी विकास क्रम की कमी यह है कि उसमें विन्यासात्मकता का अभाव है, पूँजी के केन्द्रीकरण की प्रवृत्ति है। पूँजी के निवेशक एवं ठेकेदारों का आम आदमी की ज़िन्दगी की तकलीफ़ों के साथ कोई ताल्लुक़ नहीं, क्योंकि उनके जीवन का एकमात्र लक्ष्य धन एकत्रित करना होता है। जब धन मानव जीवन का एकमात्र मकसद बन जाता है तो उसके मन में मानवीय संवेदना के लिए कोई ठौर नहीं रहता। मानवीय संवेदना के सूख जाने पर मानव व्यापक शोषण प्रक्रिया का ही हिस्सा बन जाता है, दूसरों की असहाय स्थिति को देखकर उसका हृदय दुख से आप्लावित नहीं होता। जब मानवीयता मरीचिका बन जाती है तो ऐसे लोगों की जुबान से अमानवीयता की दुर्गन्ध निकलती है। ऐसे लोगों की असंवेदनशील भाषा का नमूना देखिए—"...पाट पर आबादी जितना जल्दी ख़त्म हो, बॉक्साइट निकालने में उतनी ही आसानी होगी।" यह पूँजी की संस्कृति से विकसित अमानवीय संस्कृति का नमूना है। पूँजीपति या मल्टीनेशनल कम्पनियों की आँखों में इन नर–कंकालों का कोई महत्त्व नहीं। जनता की संस्कृति, भाषा, परम्परागत ज्ञान का कोई सम्मान नहीं। औद्योगिकीकरण एवं मशीनीकरण की वजह से आदिवासी

जनता, आम मज़दूर बेदख़ल होते जा रहे हैं और हम दूसरी ओर विकास के नारे लगाते हैं। इस सिरफिरी जीवन यथार्थता का नग्न ब्यौरा रणेंद्र के उपन्यास में भरा पड़ा है। मिसाल देखिए—"लेकिन बीसवीं शती की हार हमारी असुर जाति की अपने पूरे इतिहास में सबसे बड़ी हार थी। इस बार कथा–कहानी वाले सिंग–बोंगा ने कहीं टाटा जैसी कम्पनियों ने हमारा नाश किया। उनकी फैक्ट्रियों में बना लोहा, कुदाल, खुरपी, गैंता, खंती सुदूर टाटों तक पहुँच गये। हमारे गलाये लोहे के औज़ारों की पूछ ख़त्म हो गयी। लोहा गलाने का हज़ारों साल का हमारा हुनर धीरे–धीरे ख़त्म हो गया।" ख़त्म करने के तरीके अनेक हैं। सामाजिक मर्यादा के मापदण्ड अपनी इच्छा के अनुसार धनाढ्य वर्ग तय करता है। अपने हित के अनुकूल स्वार्थी विचारधारा गठित की जाती है। इस प्रकार की विचारधारा की अमानवीयता से परिचित होते हुए भी आम जनता मौन की पट्टी बाँधकर चुप रहती है। बकरी की भाँति हम समाज के प्रभुत्वशाली विचारधारा के अनुकूल जीने लगते हैं। हम कसाइयों के हाथ में फँसकर शान्त हो जाते हैं। संस्कृति एवं सभ्यता के पैमाने स्थल–काल के अनुसार सुनिश्चित किये जाते हैं। व्यवस्था के उपकरणों की सहायता से अर्थात संविधान, सेना, न्याय व्यवस्था आदि के माध्यम से सामाजिक स्वीकृति एवं सहमति प्राप्त की जाती है। समाज के बहुतायत लोगों को हाशियेकृत करने में सत्तात्मक शक्तियाँ सफल हो जाती हैं। हम जानते ही है कि मानव की आन्तरिक ज्ञान राशि का लेखन के साथ कोई रिश्ता नहीं है। लेकिन समस्त वाचिक परम्परा को नगण्य करते हुए सभ्यता–संस्कृति के नाम पर लेखन के ज्ञान को पहले उदात्त घोषित किया जाता है। जो इस लेखन विद्या से वंचित रहेगा, उसको समाज में दोयम दर्ज़े का स्थान प्राप्त होगा। इस प्रकार के कार्य से अपना प्रभुत्व स्थापित करने में सत्ता हमेशा सफल रही है। इससे शोषण एवं असामाजीकरण की प्रवृत्ति प्रबल होती जायेगी। कुणाल सिंह की पैनी सूझ–बूझ देखिए—"ऐसा शुरू से चला आया है। लिपि के आविष्कार के बाद से ही समाज के एक वर्ग ने अपनी विशिष्टता कायम रखने की मंशा से लिपि का आविष्कार कर लिया। जहाँ लिपि सिखाई जाती थी, वहाँ उसी विशिष्ट वर्ग को बच्चों को प्रवेश मिलने लगा। इस तरह साज़िश के तहत एक बड़े जनसमूह को अनपढ़ बनाकर मुख्यधारा से निष्कासित कर दिया गया।" समाज

के असहाय, निरीह लोगों की ज़िन्दगी पर शोषक अपनी कोठी बनाता है। लेकिन इसके लिए बड़ी कीमत चुकानी पड़ती है। शोषितों की भाषा, जीवनाधार की व्यवस्था एवं संस्कृति पर कुल्हाड़ी मारकर शोषक अपने साध्य को साकार करता है। यह एकदम सही है कि किसी जाति को ख़त्म करने के लिए उसकी तीन चीज़ें नष्ट करनी होती हैं–उस जाति की भाषा, संस्कृति और अर्थव्यवस्था। यह पूँजीवादी नृशंसता के उदात्त उदाहरण नहीं हैं तो और क्या।

भारतीय आम मज़दूर भी पूँजीवादी नृशंसता के पंजे में फँस गया है। अतिशय मशीनीकरण से मानव की सृजन क्षमता दूभर हो जाती है, मानव की सामाजिकता मिट्टी में मिल जाती है, वह पूँजी के विस्तार के समय में बाज़ारी वस्तुओं का निरा भोक्ता मात्र रह जाता है। मशीनीकरण से उदभूत पृथक्करण (एलीनेशन) की विभीषिका से गाँव का निरीह मज़दूर परिचित है। इसलिए वे कटाई की मशीन को राक्षस पुकारते हैं। "ज्वाला सिंह के खेतों की कटनी के लिए हार्वेस्टर आया है...जवार भर में हाथी की तरह रौंधता हुआ घूम रहा है हार्वेस्टर। जवार भर के मज़दूरों ने उसका नाम 'राकस' रख दिया है। वह राक्षस ही तो है, मजूरों की रोटी को हड़प रहा है। उसने किसान मज़दूरों के आपसी रिश्ते को तहस–नहस करने की ठान ली है। यह तो भला कहो छोटी जात वालों का कि वे अभी भी हाथों से कटनी करा रहे हैं, पर कब तक? हार्वेस्टर आने से गाँव के गरीब लोगों में हाहाकार मचा है।" समकालीन कथाकार कुणाल सिंह का मशहूर उपन्यास 'आदिग्राम उपाख्यान' उपन्यासकार की भाषा में 'गुस्से में लिखा गया राजनीतिक उपन्यास है।' उपन्यास का एक पात्र पंचानन बाबू 'ग्लोबल गाँव' के देवताओं से विस्थापित होने की अवस्था में, दुविधात्मक व हाहाकार की स्थिति में सवाल करता है—"पंचानन बाबू की समझ में नहीं आया, इस झमेले का निपटारा कैसे किया जाये? ...सरकार का घर कहाँ है? कोलकाता में, नयी दिल्ली में, या कि कहीं और?" यह केवल सवाल नहीं, अमानवीय होती जाने वाली हमारी व्यवस्था पर सवाल है जहाँ आम जनता सत्ता हासिल करने का एक उपकरण बन जाती है। 'सरकार' शब्द यहाँ अमानवीय शोषण पर आधारित जघन्य व्यवस्था का पर्याय बन जाता है। यहाँ उठाए गये सवाल एक संवाद का प्रारम्भ हैं जो जंगली नीति को लक्षित करता है।

विकास शब्द मानव की बेहतर जीवन स्थितियों की ओर इशारा करने वाला शब्द है। आज के जीवन परिवेश में विकास की चर्चा मानव की मुक्तियों के सन्दर्भ में की जानी चाहिए। यहाँ तो मुक्ति का मतलब गरीबी, अस्वास्थ्य, अशिक्षा, कुपोषण आदि की मुक्ति से है। दूसरों की ज़िन्दगी को बरबाद करते हुए अपनी स्वार्थता निभाना युक्तिसंगत नहीं कहा जा सकता है। ग्लोबल गाँव के देवता के रुमझुम का कहना है—"असुरों के सौ से ज़्यादा घरों को उजाड़कर बना था यह स्कूल।" खनन के लिए न केवल ज़मीन हथियायी जाती है, पर विस्थापित लोगों के लिए मौत की खाइयाँ उतारी जाती हैं। "अवैध खनन के लिए पाँच–दस असुरों को रोज़ फुसलाया जाता है। हर उपाय से उनकी ज़मीन हथियायी जाती है। बॉक्साइट निकालकर मौत की खाइयाँ छोड़ी जा रही हैं।" लूट–खसोट के लिए गरीब लोगों की हत्या की जाती है, धमकी दी जाती है, उनकी लड़कियों पर अत्याचार किया जाता है, अपनी मृत्तिका से सदा–सदा के लिए भगाया जाता है। यहाँ तक कि झूठा आश्वासन दिया जाता है। सत्ता एवं धन के ज़ोरदार गठबन्धन के आगे गरीबों व असहायों की आवाज़ें मन्द पड़ जाती हैं। शैलेय इस सच्चाई को यों हमारे सामने रखते हैं—

"वे खासे बुज़ुर्गवार जो पीढ़याँ बीत जाने के बाद भी आज तक इस कदर लापरवाह बने रहे कि अपने नाम पर किसी तरह की ज़मीन–मकान वग़ैरह का कोई स्थाई पट्टा काग़ज़ नहीं बनवा सके थे। समाचार–पत्र में ऐसे लोगों के लिए विस्थापन के रूप में किसी क़िस्म की कोई नयी व्यवस्था दर्ज़ नहीं थी। उनके लिए विस्थापन का मतलब सीधा–सीधा अपनी जड़ों से उखड़ जाना ही था।" गरीब लोगों के सामने केवल नारेबाजी ख़ूब चलती है। झूठे वायदे केवल हवा के हिस्से बन जाते हैं। संजीव को अजीब लगता है कि, "जंगल के पेड़–पौधों और पशु–पक्षियों के पर्यावरण की तो ख़ूब चिन्ता है सभ्य समाज को। जंगली बाघों, हिरणों, चीतल या बन्दरों का शिकार करने वाले सिनेमा के नायकों पर मुकदमा चल सकता हैं। परन्तु इसी जन–पर्यावरण में बसे आदिवासियों के लिए अभय का कोई प्रावधान नहीं। न ही आदिवासियों के विकास और उत्थान की योजनाओं के प्रति कोई ज़मीनी प्रतिबद्धता ही दिखती है। बस घड़ियालू आँसू बहाती है, देश–विदेश की महाजनी सरकारें।"

यह आज का भीषण यथार्थ है कि आधुनिक विकास के नारों की उल्टियाँ करती चिमनियाँ आदिवासियों के जंगल, ज़मीन और पारम्परिक रोज़गार तक छीनती गयी हैं। विकास के कार्यक्रमों से इतना सम्भव हुआ कि जल–जंगल–ज़मीन सब पर पूँजीपतियों की धाक जम गयी। इन्दिरा गोस्वामी कहती हैं—"यहाँ पेट की भूख सबसे बड़ी बात है। क्या तुम्हें मालूम नहीं कि यहाँ की मिट्टी कितनी बंजर और सूखी है। क्या तुमने सरई के फूलों का रंग देखा है? यहाँ ऐसा लगता है कि इस अकाल में खाई ज़मीन पर गिद्ध की छाया मँडराती रहती है।" जनता की दु:स्थिति को कमाई के मौके के रूप में पूँजीपति व ठेकेदार देखते हैं। इस ज़िन्दा रहने की तड़पन का दलाल लोग फ़ायदा उठाते हैं। विकास की विसंगतियों से उत्पन्न स्थितियों को व्यापार के रूप में पूँजीवादी व्यवस्था परिवर्तित करती है। आज हमारे देश में पर्यटन पर्यावरण के प्रदूषण का कारण बन रहा है। इसके नाम पर जंगल, नदी तट, पर्वत आदि स्थानों में मनोरंजन केन्द्र स्थापित किये जाते हैं। ऐसी जगहों में प्लास्टिक अवशेषों के हिमालय खड़े होने लगे हैं। आदिवासी इलाकों में यह पर्यटन उस इलाके के लोगों की जान तक को ख़तरे में डाल देता है। जारवा जनजाति के बारे में मलय सोनल से कहता है—"ये भीख माँग रहे हैं... इस रास्ते से गुज़रने वाले पर्यटकों ने इन्हें अपना झूठन फेंक–फेंककर उन्हें भिखारी बना दिया है।" "सड़कों ने जारवा आदिवासियों का बेड़ा ग़र्क़ कर दिया है। शिकारी आते हैं, अपने कपड़े छोड़ जाते हैं, इन्हें दे जाते हैं...जिन्हें ये पहन रहे हैं। कपड़े धोने की कला इन्हें आती नहीं... बारिश, धूल, मिट्टी से ये कपड़े उनके शरीर पर चिपक रहे हैं, गल रहे हैं...तरह–तरह की बीमारियाँ हो रही हैं...ये मर रहे हैं...ख़त्म हो जायेंगे एक दिन।"

'अहिरन' उपन्यास में बाँध की वजह से विस्तृत भू–भाग में पानी भर जाता है। वहाँ की जनता को अपने निवास स्थान से विस्थापित होना पड़ता है। विस्थापित जनता को अपने नये परिवेश में अपनी ज़िन्दगी को ढालना पड़ता है। अपनी सांस्कृतिक जड़ों से कटे हुए मानव का स्वाभाविक विकास विस्थापित ज़मीन में नहीं होता, उसके चैतन्य का नैसर्गिक विकास नहीं होता। सत्तात्मक संगठनों का गठजोड़ पूँजीवाद से होना आज का जीवन्त यथार्थ है। हम पूँजीवाद के लालच के शिकंजे में फँस गये हैं—"सब कुछ जानते हुए भी वे चुप रहे।

बुरा समय आने वाला था। सभी विद्वानों में मानो निराशा की हवा बह रही थी, शिवनाथ नदी का पानी सूख गया था। अन्य नदियाँ, जैसे मोनियारी, हसदेव, सोन और बोरोई में बहुत कम पानी था और वह उथली हो गयी थी। उस दिन महुआ की दुकान पर डम्बर ड्राइवर ने कहा था कि पोलारी और बोफरा गाँवों में सूखा बस पड़ने ही वाला है। पहले उन्होंने इस अफ़वाह को बेचकर कुछ रुपये कमाए थे। वे वन के राष्ट्रीयकरण होने के कारण कमा सके थे।'' आज के कथाकार पूँजी की संस्कृति के विकृत चेहरे को बेनक़ाब करते हैं, साथ ही तथ्यों को पूरी ऐतिहासिकता के साथ अनुवाचकों के सम्मुख रखते हैं। 'पानी भीतर फूल' उपन्यास का नायक 'निताई' सम्पत्ति के असमान वितरण के साथ उसके केन्द्रीकरण की प्रवृत्ति का समर्थन नहीं करता है। उनका विश्वास यह है कि प्रकृति के वैभव पर सबका समान हक़ है। आज के ज़माने में पूँजी का निवेश किया जाता है, उस निवेश में श्रम पूँजी का रूप धारण नहीं करता। श्रमहीन सम्पत्ति में गरीबों की वेदना ही छिपी हुई है। पूँजीवादी व्यवस्था 'व्यक्ति' की भलाई पर केन्द्रित है तथा वह सम्पत्ति के असमान वितरण को बढ़ावा देती है। जब श्रमशक्ति धन से हट जाती है तब गरीब जनों की ख़रीद की ताक़त कम हो जाती है और समाज के साधारण जन समाज से हाशियेकृत होने लगते हैं तथा वे जीवन की बुनियादी आवश्यकताओं से वंचित रह जाते हैं। निताई की दार्शनिकता का आधार यही रहा है—''बूँद–बूँद पसीना टपकता और पूँजी में बदल जाता। ऐसी पूँजी देर तक और दूर तक आदमी का साथ देती है। इस पूँजी से किसी खून की गन्ध नहीं आती। इसकी खनक में कोई हाहाकार छिपा हुआ नहीं होता।'' आदिग्राम उपाख्यान में कुणाल सिंह का कथा पात्र यही बताता है—''जाने दो भागी मण्डल, पैसा चीज़ ही ऐसी है, पैसे से आदमी के माथ में पित्त हो जाता है।'' भौतिक सुख–सुविधाओं में ज़िन्दगी नहीं काटी जा सकती है, उसका आधार प्यार है, अपनत्व है या मेल–जोल है। इसलिए शहरी ज़िन्दगी से ऊबकर, अकेलेपन से पीड़ित होकर काशीनाथ सिंह का पात्र रघुनाथ अत्यधिक पीड़ा से कहता है—''इन सब चीजों के सहारे तो ज़िन्दगी काटी जा सकती है, जी नहीं जा सकती... शीला हमारे तीन बच्चे हैं, लेकिन पता नहीं क्यों कभी–कभी मेरे भीतर ऐसी हूक उठती है, जैसे लगता है मेरी

औरत बाँझ है और मैं निःसन्तान पिता हूँ।'' यहाँ तो आत्मा के विलाप की ध्वनि गूँज उठती है। यह आज के समय की जीवन्त सच्चाई है कि समाज व्यक्तियों में बँटने लगता है ऐसी स्थिति में खून के रिश्तों तक का कोई महत्त्व नहीं रह जाता है। जिनके कानों में अशर्फ़ियों की खनकार भरी हो, उनके पास संवेदनशीलता, मानवीयता, प्यार की आवाज़ें पहुँचतीं कैसे? गाँव के निरीह लोगों की ज़िन्दगी को उद्धृत करते हुए एकांत श्रीवास्तव का कहना है—''गाँव का समाज भरोसे से चलता था, भरोसे की डोरी कच्ची नहीं होती थी, सादगी, सरलता, निश्छलता और मनुष्यता यहाँ की पहचान थी। छल–कपट के चरित्र ढूँढ़े ही नहीं मिलते।'' वर्तमान जीवन की अनेकानेक परतों को पाठकों के सम्मुख प्रस्तुत करने वाला यह उपन्यास वर्तमान जीवन के सामाजिक ढाँचे को खोलता है। इसमें गृहातुरता का अंश भरा हुआ है। एक प्रकार से यह गाँव की ज़िन्दगी के भावात्मक इतिहास का लेखा–जोखा है। यहाँ कवि–उपन्यासकार एक वैकल्पिक व्यवस्था की तलाश करते हैं जहाँ मानव मिल–जुलकर रहता है। उपन्यासकार मानव के जीवन के भविष्य को लक्षित करके नयी जीवन रेखा प्रस्तुत करता है जो प्रत्यक्ष एवं अप्रत्यक्ष रूप से शहरी संस्कृति की मूल्य व्यवस्था का विरोध करती है। इस उपन्यास में बेहतर दुनिया की तलाश है, सम्भावनाओं की खोज है, 'मुक्तिधर्मी आख्यान है'।

पूँजीवादी शोषण से मानव की अन्तश्चेतना रेगिस्तान का रूप धारण कर रही है। इस व्यवस्था में मानव का मानव के रूप में रहना एक चुनौती है। अखिलेश की कहानी 'चिट्ठी' के कथा पात्र त्रिलोकी का कथन काल के कथन का रूप धारण करता है जो सम्पूर्ण कहानी के भाव को उतारता है—''जिसके पास कोई काम नहीं होता, वह आदमी नहीं होता, हम आदमी नहीं हैं। इस व्यवस्था ने हमें आदमी के रूप में नहीं रहने दिया। इससे हमारा होना छीन लिया गया।'' यहाँ 'व्यवस्था' मानव की मानवीयता को छीनने वाली सत्ता के प्रतीक का रूप धारण करती है जिसके भीतर वर्तमान के भीषण यथार्थ का प्रत्यंकन हुआ है। इस व्यवस्था के हस्तक्षेप से न केवल मानव की बुनियादी प्रकृति घिस–घिसकर नष्ट होती चली जा रही है, प्रकृति की समस्त सम्पदा भी गायब होती चली जा रही है। मानव व प्रकृति के प्रति असंवेदनशील व्यवस्था का रूप 'हलफ़नामा' उपन्यास में अंकित

है। प्रकृति से दूर रहकर मानव की कोई अलग पहचान नहीं रहेगी, जीवन रूपी गाड़ी आगे नहीं चलेगी। यहाँ प्रकृति के विभिन्न पेड़–पौधे मानव जीवन के आधार का प्रतीकत्व ग्रहण करते हैं। नीलाम्बर दत्त का कथन इसी हिमालयी सच्चाई की वक़ालत करता है और हम यह अनुभव करने लगते हैं कि समकालीन साहित्य की भाषा किस प्रकार अर्थों की परतें उद्‌घाटित करती हैं—'ये साल, शीशम, बाँस, बुरांस, देवदारू, चीड़ के हरे--भरे जंगल कहाँ जायेंगे तब? पाँव नहीं हैं इनके। ज़ुबान भी नहीं, डूब मरेंगे सब यहीं के यहीं इस पानी भरी घाटी में। सड़ जायेंगे धीरे–धीरे। या हो सकता है कि घाटी में पानी भरने से पहले जंगलात विभाग इन हरे–भरे पेड़ों को भी लकड़ी के वास्ते एक–एक कर ठेकेदारों के हाथ में बेच दें। क्या मिलेगा? कुछ रुपए जिन्हें शराब और जुएँ की भेंट में चढ़ जाना है। बस, हे प्रभु! कहाँ जायेंगे? कहाँ खिलेंगे ये लाखों–लाख रंग–बिरंगे फूल? ये सीढ़ीदार खेत, ये नौले, ये मन्दिर सब डूब जायेंगे।' पूँजीवाद असंवेदनशील रवैया अपनाते हुए लोभ का साम्राज्य विकसित करता है। हमें यह पता तक नहीं चलता कि वह किस रूप में हमारे पास आता है। पूँजीवादी नकली चेहरे को खोलते हुए आज का उपन्यास कहता है कि हम अपनी आत्मा खो बैठे हैं। आज का 'काला भारतीय' अंग्रेज़ी कपड़ा पहनकर भारतीयों के खुले शोषण का समर्थन करता है। पणन की संस्कृति की खिल्ली आदिग्राम उपाख्यान की निम्नलिखित पंक्तियों में प्रतिध्वनित है—"तराजू प्रकृति के नियमों के ख़िलाफ़ एक अद्‌भुत यन्त्र है। दुनिया में कितनी तो चीज़ें हैं, कितने पेड़–पौधे, कितनी जगहें कोई हिसाब नहीं। तराजू से माप–तौल किया जाता है। निष्कर्ष निकाला जा सकता है कि पृथ्वी पर चार किलो शहर हैं, डेढ़ किलो देश हैं, एक क्विंटल मर्द–मानुख और एक मन औरतें, पाव भर दिन और तीन सौ ग्राम रात, एक दर्ज़न रुलाई और छटाँक भर हँसी। चाहे दुख के एक लीटर के पैकट पर सुख की एक छोटी टिकिया फ्री।" आज के मानव के जीवन में सुख की आभा नहीं दिखाई देती, भय का साम्राज्य परिलक्षित है। 'बलि' कहानी में स्वयंप्रकाश कहते हैं कि शोषक वर्गों की साज़िश का पता गाँव वालों को नहीं होता है। कभी न पूर्ण होने वाले सपने के पीछे गाँव का प्रयाण है। भयाक्रांत जनता की आँहें देखिए—"यह आरम्भ था समाज के बाज़ार बनने की प्रक्रिया का।

बच्चे भूखे रहते थे। चोरी करने के लिए हालात द्वारा उकसाए जाते थे और हमेशा के लिए गाँव से मुक्त हो जाने का सपना देखते थे। जर्जर और कृशकाय औरतें सभ्य समाज का चाल–चलन जिन नज़रों से देखती थीं, उनमें कौतूहल कम होता था, भय ज़्यादा। एक बात व्यक्त रूप में हमारे सामने उभर आती है, पूँजीवाद की धन विकास की यात्रा से जीवन के अन्तरंग–बहिरंग तत्व मलिन होते जा रहे हैं।

अर्थ मात्र को जीवन का एकमात्र सत्य मानना विकृत मानसिकता का लक्षण है। आज के विमर्श की भाषा में इसको हमारी संस्कृति का अमेरिकीकरण कहा जाता है। आत्मिक समृद्धि को नकारते हुए इन्द्रियों की दाह को तृप्त करने वाली भौतिक सम्पन्नता ही इसका आधार है। ख़ुद रघुनाथ अपने आप से कहता है—"सच–सच बताओ रघुनाथ, तुम्हें जो मिला है उसके बारे में कभी सोचा था? कभी सोचा था कि कभी एक छोटे से गाँव से लेकर अमेरिका तक फैल जाओगे? चौके में पीढा पर बैठकर रोटी, प्याज़, नमक खाने वाले तुम अशोक विहार में बैठकर लंच और डिनर करोगे?" यह पाश्चात्य संस्कृति का शिकार हुए एक सामान्य भारतीय का सपना है। उपन्यास के अन्त में इसी संस्कृति का शिकार होकर वही रघुनाथ बुरी तरह से कराहता है। बाज़ार उपभोग की आग में घी डालता है, मानव मूल्यों को तहस–नहस करता है, उसको जंगली जानवर बना देता है। इस जंगलीपन के विस्तार से हम दुःखी नागरिक बन गये हैं। जिसके पास पैसा है, उसी को मात्र जीने का अधिकार है। संसाधनों से सम्पन्न व्यक्ति का जीना विकास का प्रमाण नहीं माना जा सकता है, जिस समाज में सबसे दुर्बल व्यक्ति अपनी जीविका स्वस्थ ढंग से चला सकता है तो वही विकास है। संसाधनों का केन्द्रीकरण विकास के चेहरे को विकृत करता है। जहाँ शोषण की प्रक्रिया बुल्डोजर की भाँति आगे बढ़ती है तब साधारण इन्सान निःसहाय होकर मिट्टी में मिल जाता है, उसकी सारी की सारी शक्तियाँ क्षीण हो जाती हैं। बाज़ार के सम्मोहन में दबकर आज का मानव हक्का–बक्का रह जाता है। रोहिणी अग्रवाल उपभोग के आगामी दौर की तरफ़ हम सबका ध्यान आकृष्ट करते हुए कहती हैं—"भारत के बाज़ार के अगले चरण में कहेगा कि आपको परिवार की क्या ज़रूरत है। वह आपको ऐसे–ऐसे उपकरणों के संजाल में उलझा देगा कि आप पड़ोस, परिवार, समाज, देश, दुनिया को देखने

का समय नहीं निकाल सकेंगे। केवल तस्वीरें आपके निकट होंगी। आप प्रकृति नहीं, प्रकृति की तस्वीरें देखेंगे। आप गरीबी, दुख और तबाही नहीं, सिर्फ़ उनकी फोटो देखेंगे।''

आदिवासी जीवन में हाट केवल ख़रीदी–बिक्री की जगह नहीं थी, बल्कि वह सामाजिक सम्मेलन की भी जगह थी। आज का 'बाज़ार व्यक्ति को पहले उपभोक्ता बनाता है, फिर उत्पाद। भीतर–बाहर फैलते गहराते बाज़ार को देख वह छाती कूट–कूटकर स्यापा कर रहा था। लेकिन सामाजिक प्रतिष्ठा तथा अहम की तृप्ति के लिए मानव उपभोगवाद के जाल में फँस जाता है। बाज़ारी मालों के कल्पित मूल्य को अपनी सामाजिक प्रतिष्ठा की बुनियाद समझता है। इसलिए सामाजिक हैसियत की उपलब्धि हेतु आज का मानव उपभोक्ता बनकर वस्तुओं का मालिक बनने की कोशिश करता है। वस्तुओं को अपनाने के एक साधन के रूप में वह धन को देखता है। यही अर्थ उसके जीवन का साध्य बन जाता है, यही बाज़ार के विकास की गति को त्वरित करता है। इस गति में मानव का भावात्मक सम्बन्ध शुष्क होता जाता है। आज के समय में सच्चा आदमी बनना उतना आसान काम नहीं है, क्योंकि मानवीय जैविक सम्बन्धों को तोड़ते हुए पूँजी की संस्कृति आगे बढ़ रही है। उपयोगिता एवं वस्तुपरक दृष्टिकोण आज का जीवनादर्श बन गया है जिससे कुछ मुनाफ़ा जुटाना असम्भव नहीं, वह कूड़े की चीज़ बन जाता है। सूरज प्रकाश की कहानी इस और हमें ले चलती है—''भायन्दर में ही रहने वाले मेरे मार्क्सवादी दोस्त मयंक इसे पूँजीवादी व्यवस्था की देन मानते हैं जहाँ किसी भी अनुत्पादक व्यक्ति या वस्तु का हश्र होता है, कूड़े का ढेर।'' बाज़ार का उसूल यही है—ज़िन्दगी के तीन आनन्द—ख़रीदो, बेचो और उत्पादन करो। यह वणिक वृत्ति है, यहाँ एक–दूसरे का खुला शोषण किया जाता है। धूमिल की पँक्तियों के अनुप्रास में उपन्यासकार कुणाल सिंह का कथन है—''लेकिन वह जो न रोटी बेलता है, न खाता है, बस रोटी से खेलता है, वह तीसरा आदमी कौन है? दोस्तों, इस सवाल पर तो ममता बैनर्जी भी मौन हैं?'' इस मौन के एक ओर सम्पत्ति का राज है तो दूसरी तरफ़ विपन्नता का साम्राज्य। दोनों का चित्रण निम्नलिखित पँक्तियों में है। एल्यूमिनियम सिटी का वर्णन देखिए—''ज़रा देखिए—सुन्दर–सुन्दर कुत्तों को घुमाती सुन्दर–सुन्दर महिलाएँ, बर्फ़ के गालों से गुल–थुल उजले–उजले बच्चे, रंग–बिरंगी

गाड़ियाँ। लगा इन्द्रलोक धरती पर उतर आया हो।'' रामकुमार रुमझुम से कहता है—''पानी और जलपान जुटाने में ही हमारी औरतों की आधी ज़िन्दगी गुज़र जाती है। बरसात के गिंजन की तो मत पूछिए। बन्द खदान के सैकड़ों गड्ढ़े विशाल पोखरों में बदल जाते हैं। कीचड़ में लोटते सुअरों और हमारे बच्चों में फ़र्क़ करना मुश्किल हो जाता है। वहाँ के गेस्टहाउस के मेस में छत्तीस तरह के व्यंजन मुहावरे वाले नहीं, सचमुच के। क्या खायें, क्या नहीं खायें।''

भौतिक शरीर को एकमात्र यथार्थ मानकर आज का विज्ञापन बाज़ार हमारे समक्ष खड़ा होता है। मानव शरीर की भौतिक आसक्ति को बढ़ावा देने के लिए सौन्दर्य प्रतियोगिताएँ चलाई जाती हैं। मानव के मन में खास प्रकार की हीनता ग्रंथि विकसित कर माल की बिक्री को बाज़ार सुनिश्चित करता है। इसके लिए मानव–मानव के बीच के रागात्मक सम्बन्धों, मिथकीय परिकल्पनाओं आदि का उपयोग किया जाता है और प्रसारित किया जाता है कि सारे के सारे गुण मानव में नहीं, वस्तु में है। जनता को सम्मोहित करते हुए उपभोग को पोषित किया जाता है। स्त्री के शरीर को विशेष रूप से माल को बेचने के एक साधन के रूप में प्रस्तुत किया जाता है। स्त्री का शरीर उपभोग की, यानी रंजन की वस्तु मात्र रह जाता है। भोग–उपभोग की खिल्ली उड़ाते हुए रणेंद्र कहते हैं—''पाण्डेय जी की रसिकता कई बातों में वात्स्यायन से सहमत नहीं थी। वे नायिकाओं के पद्मिनी, चित्रिणी, शंखिनी, चक्रिणी जैसे सीमित वर्गीकरण से सहमत नहीं थे। ...उनके लिए मुग्धा, मध्या, प्रौढ़ा या अतिश्वेता, अतिकृष्णा कोई भी अगम्या नहीं थी।'' गीताश्री की कहानी 'दो पन्ने वाली औरत' कहानी की पात्र आसवारी कहती है—आप लोगों के लिए किसी भी परिभाषा में औरत देह भर होती है। सही है कि भौतिक पिपासा की अन्धी दौड़ में मानव की आत्मा नष्ट हो गयी है। देह सुख के पागलपन का पर्दाफ़ाश करते हुए अखिलेश की कहानी 'शापग्रस्त' के पात्र प्रमोद वर्मा से कहानी की बूढ़ी औरत पूछती है—''दुख का मतलब जानता है मूरख? फोड़ा, फुँसी, बुखार, बैरागी या बीबी–बच्चों की डाँट से होने वाला दुख नहीं। हमेशा चौबीसों घंटों का दुख। हमेशा आत्मा को मथते रहने वाला दुख। सुख को खोजेगा तो अपने आप छलेगा। दुखी बन।''

प्रदूषण वास्तव में प्रकृति के असन्तुलन का नाम है। कारखानों से

बाहर निकलने वाले उत्पाद मानव व प्रकृति की तन्दुरुस्ती के लिए सहायक नहीं होते हैं। बहुत सारे रुचिवर्धक पदार्थों तथा रंगों की मिलावट स्वास्थ्य के लिए हानिकारक है। "गाँव के किसान कीड़े से बचने के लिए कोल्ड–ड्रिंक्स छिड़कते हैं।" कारखानों से निकलने वाला मलिन पदार्थ जीवन परिसर को दूषित करता है। विकास के नाम पर किये जाने वाले कुविकास का नतीजा यही रहा—हाँ, गाँव में कीचड़–माटी के बीच मेहनत करने को न पढ़े–लिखे लड़के तैयार हैं न रहने को लड़कियाँ। कस्बे से बाहर और शहर से बड़े शहर की ओर भागमभाग है। जहाँ न शुद्ध पानी है, न हवा। अरे धूप तक नहीं मिलती। मौसम और ऋतुओं का पता टी.वी. और अखबार से चलता है। छत्तीसगढ़ के रायगढ़ जिले से होकर बहने वाली एक बड़ी नदी शिवनाथ एण्ड इण्डस्ट्री समूह को बेच दी गयी थी। उसका निजीकरण हो गया। कई–कई गाँवों के लोग मवेशी, चिरई, चुनमुन, खेत, बघार सब पानी के लिए छछन कर रहे थे। धरती के विध्वंस का चक्र घूमता रहता है। यह मानव की असंवेदनशीलता का ही परिणाम है। जोशी अनुभव करते हैं—"तब आँखों पर पट्टी बाँधकर आस–पास के घने जंगलों में दिन–दहाड़े आग लगा दी। लम्बे–चौड़े भीमाकार चीड़, देवदार, बाँस, बरोंस के वृक्षों की निरपराध हत्या कर डाली। जान–बूझकर हरे–भरे मासूम पौधे मसल डाले। आँखों में अवर्णनीय शान्तिदायिनी हरियाली काली मिट्टी, जली धरती में बदल गयी।"

आजकल प्रकृति में मानवीय हस्तक्षेप के अन्जाम स्वरूप विभिन्न प्राणिजात भी इस भूतल से गायब होते जा रहे हैं। हम जानते हैं कि परितन्त्र (इको–सिस्टम) विभिन्न प्रकार के प्राणिजातों व निर्जीव पदार्थों की आपसी पारस्परिकता के आधार पर बनी एक व्यवस्था है। नष्ट होते जा रहे प्रकृति के संसाधनों की ओर आज के कथाकारों की नज़र पड़ी है। परदेशी राम वर्मा कहते हैं—"छत्तीसगढ़ के जंगलों में बोलने वाली मैना तो अब लुप्त सी हो रही है मगर आसमान में उड़ने वाली लोहे की मैना रोज़ गर्मी के दिनों में घघराती है।" सारे जीव, सारे वनस्पतियाँ आँच से कुम्हला रहे हैं। पर्यावरण के बचाव का संघर्ष इस भूतल के बचाव के संघर्ष का रूप धारण करता है। प्रकृति के सामीप्य में जीवन की सुन्दरता है, जैविकता की निरन्तरता है। प्रकृति की गोद में आराम की ज़िन्दगी बिताने वाले लोग चाहे

आज की अर्थ संस्कृति की आँखों में भौतिक दृष्टि से सम्पन्न नहीं होंगे, पर अनन्त आनन्द का सागर उनके रग–रग में तरंगायित हो रहा है। समकालीन उपन्यास इस भाव को अभिव्यक्त करता है। "निर्धन होते हुए भी जिन्हें निर्धनता का एहसास उतना नहीं सालता। नियति के निर्मम हाथों में सब कुछ छोड़कर जो निश्चिन्त हो जाते हैं। निर्द्वन्द्व प्रकृति ने न जाने कितना दिया है उन्हें। परन्तु मनमोहक बर्फ़ीले पहाड़ों का सौन्दर्य क्या होता है, वे नहीं जानते। कल–कल, छल–छल दिन–रात प्रवाहित होते झरनों का, नदियों का सुमधुर संगीत क्या है, वे नहीं पहचानते। (जोशी, हिमांशु 'आरम्भ में' से)"

आजकल खेती, वाणिज्य और व्यापार का हिस्सा बनती जा रही है। खेती का औद्योगिकीकरण एक मसला है। खेती का उद्‌देश्य यही है कि मानव की भूख का समाधान हो जाये। लेकिन आज उद्योगों के लिए कच्चे माल प्रदान करना खेती करने का लक्ष्य बन गया है। खेती प्रकृति के साथ, आस–पास के परिवेश के साथ, जीव–जन्तुओं के साथ, अजैव वस्तुओं के साथ स्थापित किये जाने वाले नैसर्गिक संवाद का पर्याय है। रवीन्द्र वर्मा के पात्र के लिए कजली गाय नहीं, मौसी है। इस संस्कार के बचाव का संघर्ष आज के कथा साहित्य में मुखर है जो भीषण औद्योगिकीकरण के विकल्प के रूप में हमारे सामने आता है। जयनन्दन की पँक्तियाँ हैं—"सल्तनत को सुनो गाँव वालों उपन्यास की नायिका सल्तनत नहर को दुरुस्त करने के लिए अनशन पर बैठती है। लतीफ़गंज़ विकास समिति के अध्यक्ष कामरेड तौफ़ीक का उद्‌देश्य यही है कि खेती को प्रतिष्ठित कार्य, उद्योग का दर्ज़ा प्राप्त हो।" प्रकृति को आघात पहुँचाकर खेती नहीं की जानी चाहिए। जंगल को जलाकर, मिट्‌टी को रौंदकर की जाने वाली खेती मानव की क्रूरता की मिसाल पेश करती है। खेती के स्थान पर औद्योगिक संस्थानों को खड़ा करके आज का मानव पर्यावरण की नैसर्गिकता को, भाषा को, संस्कृति को बरबाद करता है। खनिज करके प्रकृति की सारी विभूतियों को भ्रष्ट किया जाता है। "जहाँ से बॉक्साइट निकाले जा चुके थे, वे गड्‌ढ़े भी मुँह बाएँ पड़े थे। मानो धरती माँ के चेहरे पर चेचक के बड़े धब्बे हों।"

यह उल्लेखनीय है कि गाँव में सामाजिक जीवन का जीता जागता रूप देखने को मिलता है। सहकारिता एवं सहभागिता ग्रामीण जीवन के

आधार स्तम्भ हैं। यही मानवीयता का स्रोत है। गाँव वालों के मन में 'हम' की भावना की प्रमुखता रहती है। 'हम' में सुरक्षा, आत्मविश्वास, सुख, मनोबल, एकजुटता, सहयोग, निस्वार्थता का भाव है। हम की भावना से समाज एवं जीवन का दायरा विकसित होता है। जीवन की विविधताओं को अपने अन्दर समेटने की शक्ति इससे विकसित होती है। इसके विपरीत 'मैं' की भावना से स्वार्थता की गन्ध आती है, असामाजीकरण एवं वैयक्तिकरण की प्रवृत्ति बढ़ती चली जाती है जो समाज को पतनशीलता की ओर उन्मुख बनाती है। एकांत श्रीवास्तव का कथन है—"मनुष्यता का जो सूर्य आदमी के अन्तःकरण में चमकता रहता है उसके लिए दसों दिशाएँ पूरब ही होती हैं।" ग्रामीण जीवन में दिखाई पड़ने वाले इस एकात्म बोध या आत्मविस्तार का आधार उनके जीवन से निसृत उदात्त विचार है। "संस्कृति तो विचार ही है, वह जब व्यवहार में आती है, तब सभ्यता में बदलती है।" ग्रामीण जीवन में परिव्याप्त आत्मराग या एकता का भाव मानव–मानव के सामाजिक सम्बन्धों तक सीमित नहीं रहता है, प्रकृति के अन्य जीव–जन्तुओं तथा पेड़–पौधों के साथ तक विस्तार पा लेता है। अपने आस–पास के प्राणी व सस्य जात उसके बड़े परिवार के अभिन्न सदस्य हैं। झब्बू कुत्ता, मिट्ठू तोता, निताई एवं श्यामली के लिए प्राणों के हिस्से हैं। उनकी भूख–प्यास खुद अपनी भूख–प्यास बन जाती है। उनकी आत्मचेतना का विस्तार जीवन परिवेश को दैदीप्यमान बनाता है। उनका विचार यही था—"साथ की ज़रूरत ने समाज को जन्म दिया होगा। तारों ने आकाश का साथ दिया होगा और फूलों ने धरती का। आदमी ने आदमी का साथ दिया होगा और समाज बना होगा। और पशु–पक्षी भी क्या मनुष्य समाज के बाहर हो जायेंगे?" प्रकृति की प्रत्येक वस्तु में ग्रामीण जनता हुनर का दर्शन करती है। इसलिए ग्रामीण जीवन में एक खास प्रकार की पुनीत भावना के दर्शन हम कर सकते हैं, जिसका नितान्त अभाव शहरी जीवन में देखने को मिलता है। कुसुमपानी गाँव में मानव की आत्मा का प्रदूषण नहीं होता, क्योंकि वहाँ पूँजी की पहुँच नहीं है। इसलिए 'अड़ोस–पड़ोस भी दुकलहिन के लिए अड़ोस–पड़ोस जैसा नहीं था, बल्कि घर का ही विस्तार था।'

प्रकृति ग्रामीण जीवन का आधार है। ग्रामीण जनता यह समझती है कि प्रकृति के अभाव में उनका जीवन आधा–अधूरा है। मनुष्यता

का मतलब केवल मानव के प्रति दिखाई जाने वाली करुणा का भाव नहीं है, उसके भीतर समस्त चर–अचर के प्रति दिखाई पड़ने वाली विराट करुणा का भाव निहित है। ममत्व, समत्व, भाईचारा ही ग्रामीण जीवन की आधारशिलाएँ हैं। निताई अपने बच्चों को यही सिखाता है— "...इस तरह जीव–जन्तुओं और पशु–पक्षियों को सताना ठीक बात नहीं है। सबको भगवान ने जीने का अधिकार दिया है। रास्ते पर चलते समय चींटियों को बचाकर पाँव रखना चाहिए।" कुदरत के कण–कण में जैविकता की विराटता का दर्शन करने वाले 'निताई' ही पर्यावरण संकट से त्रस्त मानव राशि को मुक्त कर सकेंगे। उनका दर्शन प्रकृति पर मानव के अविवेकपूर्ण हस्तक्षेप का विरोध करता है।

ग्रामीण संस्कृति में तो खेल–कूद, त्यौहार आदि प्रकृति के साथ मिलने तथा उससे आत्म परिचय प्राप्त करने का एक मार्ग हैं। 'अत्ता पत्ती' एक ऐसा खेल है जिसमें बच्चे किसी पेड़ या पौधे की ओट में छुप जाते हैं तो स्वाभाविक रूप से उनका परिचय उस अमुक पेड़ या पौधे से हो जाता है। अपने आस–पास की प्रकृति के प्रति आत्मानुराग इस ढंग से बच्चों के मन में बचपन से, आसानी से, आराम से पैदा किया जा सकता है। इस प्रकार फ़सल की कटाई के बाद मनाये जाने वाले त्यौहारों में सामाजिकता को ही पुष्ट किया जाता है। उनके सामाजिक जीवन को नियन्त्रित करने वाले जीवन दर्शन को रूपायित करने में इस प्रकार के सामाजिक मेल–जोल का खास स्थान है। यहाँ बाँटने की प्रवृत्ति है। वे यह महसूस करते हैं कि जीवन में आनन्द का अनुभव 'एक' होने में नहीं, एकमेक होने में है। आज की शहरी संस्कृति व्यक्तिवादिता का पोषण करती है तथा सामाजिक जीवन के अवसरों को प्रोत्साहित नहीं करती, इसलिए कि आदमी–आदमी के मिलन हो जाने पर मनुष्य संवेदना के स्तर पर एक हो जायेगा तथा फिर सब मिल–जुलकर इस प्रकार की अमानवीय व्यवस्था का विरोध करेंगे। थोथे मनोरंजन एवं घटिया आनन्द के चंगुल में फँसाकर वर्तमान पूँजी की संस्कृति प्रतिरोध की सम्भावनाओं को तितर–बितर करती है। पूँजी से पोषित शहरी संस्कृति गुदगुदी पैदा करके विशेषकर युवा पीढ़ी को बन्दी बनाती है। लेकिन कुसुमपानी गाँव के लोग जीवन के पारितोष को अपनी सामाजिकता में तलाशते हैं। 'पानी भीतर फूल' में प्रतिपादित प्रसंग इसका प्रमाण है—"पहली बुवाई, पहली फसल, पहला

धान और उसका रास। अन्न देवता घर आये हैं। रास के ऊपर दीया जलाया जाता या पीला गोंदा या चाँदनी गोंदा के फूल चढ़ाए जाते हैं। नारियल फोड़ा जाता है। सबको प्रसाद बाँटा जाता है—गाँव में, अड़ोस–पड़ोस में, वर्ष भर की मेहनत सफल हुई।'' आपस में बाँटकर जीवन जीने में ही सच्चा आनन्द निहित है। देने का सुख असली सुख है। इस उपन्यास में एक ऐसा प्रसंग वर्णित है जो इस प्रकार है–एक बार निताई और बैसाखू मछली पकड़ने गये। 'कोतरा मछली' दोनों को पसन्द नहीं थी, इसलिए उसको मरही दाई को दिया तो वह बोल उठी—''जीते रहो बेटा। हमेशा दूध–भात खाओ।'' ''दोनों को मरही दाई का आसीसना अच्छा लगा। वे लोग अपनी नापसन्दी के कारण उन मछलियों को (कोतरा) दे आये थे। ऐसे ही समय में पता चलता है कि कुछ देने का सुख, लेने और बटोरने के सुख से कितना बड़ा है। परोपकार इसलिए मनुष्य जीवन का महान कार्य माना गया है।'' सहकारिता एवं सहभागिता की संस्कृति कुसुमपानी गाँव की ज़िन्दगी की समृद्धि का राज़ है। मानव–मानव के बीच की संयुक्तता आत्मपरितोष का कारण बनती है। लेकिन आज की ज़िन्दगी में परिव्याप्त वियुक्तता मानव के मानवीय दर्ज़े को नकारती है। मन का संकरा हो जाना अपसंस्कृति का लक्षण है। सूरज प्रकाश की कहानी इस जीवन परिवेश को हमारे सामने खड़ा करती है—''किसी का बेशक घर बड़ा है, लेकिन उसमें रहने वालों के दिल बहुत छोटे हैं और उनमें इतनी–सी भी जगह नहीं बची कि घर के बुजुर्ग, जिन्होंने अपना सारा जीवन उनके लिए होम कर दिया और आज उनके बच्चे किसी न किसी इज्ज़तदार काम–धन्धे से लगे हुए हैं, उनके लिए अब इतनी–सी जगह नहीं बची है कि आराम से अपने घर पर ही रहकर पोतों के साथ खेलते हुए सुख–दुख के दिन आराम से गुज़ार सकें।''

'आदिग्राम उपाख्यान' तो वर्तमान एम.एन.सी. की संस्कृति की पोल खोलने वाला उपन्यास है। इसे 'निर्भीक राजनीतिक उपन्यास' कहा जा सकता है। यह मध्यवर्ती पश्चिम बंगाल के एकदम पूर्वी छोर पर है—आदिग्राम। एक बड़ा गाँव। सी.पी.टी. कम्पनी 1976 में आदिग्राम में आई थी। 150 किसानों की भूमि लोभ देकर हथियायी गयी थी, लेकिन न नौकरी मिली न घर, सबके सब बेघर हो गये। सत्ता आम जनता के साथ ममता का व्यवहार नहीं करती है। गाँव वाले महसूस करने

लगे कि अपने ही घर में वे पराये हो गये हैं। पूँजी की ताक़तों के साथ सत्ता का गठबन्धन ज्वलन्त यथार्थ है। जब सत्ता लोकतन्त्रात्मक रूप से कारोबार नहीं करती तो रघुनाथ जैसा व्यक्ति यही सोचता है कि हम फिर से गुलाम हो गये हैं और इस गुलामी से छुटकारा पाने के लिए हमें गोरिल्ला वार लड़ना होगा। जब सत्ता और धन की शक्तियों की मित्रता से सरकार ग़ैर–लोकतांत्रिक बन जाती है तब ऐसी सामाजिक स्थिति आती है। सच्चाई यह है कि "...ग्लोबल गाँव के आकाशचारी देवता और राष्ट्र–राज्य दोनों को अलगाना अब मुश्किल है। रंगमंच की कठपुतलियों की डोर किनके हाथों में है, यह बात छुपी रही।" पूँजीपति हित वाली सरकार की नीति की निःसारता पर व्यंग्य करते हुए आज का कथाकार कहता है—सभा में यह खुलासा किया गया कि सरकार विकास मद में अपने बजट में कटौती करने के लिए ही एक काल्पनिक रेखा खींच देती है और कहती है कि सात सौ लोगों में से सिर्फ़ सत्ताईस लोगों को ही वह तमाम सुविधाएँ देगी जो कि एक गरीब का हक़ है। रघुनाथ ने आह्वान किया कि सरकार को गरीबी रेखा के बदले अमीरी रेखा भी खींचनी चाहिए। जिसके पास घर हो, खेत हो वह अमीर और बाकी सारे लोग गरीब। इस गरीबी का कारण साधनों–संसाधनों की कमी नहीं है, सम्पत्ति का असमान वितरण है, इकतरफा केन्द्रीकरण है। वर्गाधृत समाज में गरीबों को इसका फल भुगतना पड़ता है। इतिहास के तथ्यों को पाठकों के सामने रखते हुए कुणाल सिंह कहते हैं कि जब बंगाल में अकाल पड़ा था तब अंग्रेज़ी गोदामों में अनाज खचाखच भरे हुए थे। आम जनता की सम्पत्ति को, ज़मीन को हड़पने का सिलसिला भारत में जारी है। आदिग्राम की जनता का नारा यही था कि जान देंगे, पर किसी भी हालत में ज़मीन नहीं देंगे। (जान देबो, जोमी देबो न) लोगों को अपनी सरकार से ज़मीन की रक्षा करनी पड़ती है। उद्योगपति अपना उल्लू सीधा करने के लिए कहीं भी जाने के लिए तैयार हैं। धन की पिपासा का चित्रण देखिए—"गाय, भैंस, बकरी की नज़र से देखा जाये तो दुनिया घास से भरी हुई एक टोकरी है। उन्हें हर जगह घास ही घास दिखता होगा। अगर कहीं नहीं दिखता तो घास की तलाश में वे पृथ्वी के दूसरे कोने तक चले जायेंगे। पर्वत, पठार, गुफा, समुन्दर सब लाँघ जायेंगे।" उद्योगपतियों का विचार यह है कि सब प्राकृतिक

सम्पत्ति कमाई का उपकरण है। आज की सरकारें उनकी उँगली के इशारे पर बनती–बिगड़ती हैं। सरकार की नीति–नियमों को पैसे के बल पर ख़रीदा जाता है। यह ख़तरनाक जीवन परिस्थिति सृजित करती है—''सामान्य तौर पर इन आकाशचारी देवताओं को जब अपने आकाश मार्ग से या सैटेलाइट की आँखों से छत्तीसगढ़, ओड़ीसा, मध्य प्रदेश, झारखण्ड आदि राज्यों की खनिज सम्पदा, जंगल और अन्य संसाधन दिखते हैं तो उन्हें लगता है कि अरे, इन पर तो हमारा हक़ है। उन्हें मालूम है कि राष्ट्रध्वज तो वे ही हैं तो हक तो उनका ही हुआ।'' ''मगर लूटने के रास्ते में जो कुछ आता था, धूल में मिल जाता था।'' लूट के माध्यम से राष्ट्र को खोखला बना दिया जाता है। हमारे देश का धन बाहर चला जाता है। हमारे खून–पसीने के बल पर 'वे' विकसित होते जा रहे हैं। भारत के इतिहास का ज़िक्र करते हुए रवीन्द्र वर्मा कहते हैं—हर पाँच वर्ष के बाद में अकाल पड़ता था, ऐसी किंवदन्ती थी। शहर के बुजुर्ग लोग कहते हैं ऐसा पिछली सदी में नहीं होता था, जब अंग्रेज़ नहीं आये थे। डाके थे, लूट थी, मगर अकाल नहीं था। क्यों? कोई पूछता, अब क्यों अकाल? इसलिए कि खेत में न अन्न है और न जेब में पैसा। जेब का पैसा कहाँ गया? पूछने वाला पूछता। इंग्लैण्ड की जेब में। बुजुर्ग कहकर हँस देता। हमारे उद्योग–धन्धे चौपट हो रहे हैं? बुजुर्ग कहता, और कच्चा माल इंग्लैण्ड की मशीनें चलाने सात समुद्र पार जा रहा है।

उपर्युक्त विवेचन से यह व्यक्त होता है कि वर्तमान जीवन के चारों तरफ़ पूँजी पर आधारित जीवन व्यवस्था का संकट विस्तार पा रहा है। मानव के सांस्कृतिक पर्यावरण के साथ समस्त प्रकृति की जीवन्तता विलुप्त होती जा रही है। समाज में हुए आर्थिक परिवर्तन, तदजन्य विकसित नयी सांस्कृतिक जड़ों तक पहुँचने में समकालीन कथाकार की तूलिका सफल रही है। जीवन में सकारात्मक बदलाव की माँग करने वाला कथा साहित्य अपनी प्रतिरोधधर्मी मूल्यवत्ता को ज्वलन्त बनाये रखता है तथा जीवन की भीषण विभीषिका को खनिज करके निकालता है।

# मानवाधिकार और समकालीन हिन्दी कविता

*मैं पूछता हूँ*
*यह पृथ्वी क्या केवल तुम्हारी है?*
*क्या तुम्हें*
*एक केंचुए के पास जाकर*
*पृथ्वी को उर्वर करने में तल्लीन केंचुए से*
*नहीं पूछना चाहिए*
*पृथ्वी के बारे में कोई भी अहम फैसला लेने से पहले!*
*कौन जाने, पृथ्वी के भविष्य को ले, तुमसे ज़्यादा चिन्तित रहती हों चींटियाँ!*
*मेरी हैसियत एक केंचुए की हो*
*चींटी की तरह कुचल दी जाने की औक़ात ही हो मेरी तुम्हारे निकट*
*मेरा मानवाधिकार तुम्हारे दानवाधिकार के आगे नाचीज़!*
*मैं तुम्हारे लिए खेत की मूली ही सही*
*चलो, तुम्हारे ही खेत की—और लो, सचमुच की–*
*इस पृथ्वी पर मेरा अधिकार*
*तुमसे कम तो नहीं*
*पृथ्वी के अँधेरे में जागा हुआ जीवन*
*पृथ्वी के बारे में क्या तुमसे कुछ कम जानता है*
*कि उसकी राय न जानी जाये*
*पृथ्वी का भविष्य तय करते वक़्त!*

**–ज्ञानेन्द्रपति**

मानवाधिकार अपने मूल में मानव की प्रतिष्ठा एवं गरिमा को सुनिश्चित करने का सांस्कृतिक उपक्रम है। इसके बल पर मानव अपने जीवन

का सर्वांगीण विकास कर सकता है। मानवाधिकार का स्वरूप सार्वभौम होता है, उसको किसी भी हालत में दबाया या नकारा नहीं जा सकता। इससे व्यक्त होता है कि मानवाधिकार की अवधारणा मानव के आधारभूत जीवनाकांक्षा से जुड़ जाती है। स्वतन्त्रता को मानव का उच्चतम मानवाधिकार इसलिए कहा जाता है कि अन्य मानवाधिकार इससे विकसित हुए हैं। स्वतन्त्रता की प्राप्ति से मानव जीवन के बौद्धिक, नैतिक एवं अन्य सौन्दर्यात्मक आयाम विकसित होने लगते हैं जिससे उसका जीवन एक कविता के रूप में तब्दील हो जाता है। कहने का तात्पर्य यह है कि मानवाधिकार मानव जीवन को सकारात्मक ढंग से पुनर्निमित करता है तथा इससे उसके जीवन की समृद्धि सुनिश्चित की जाती है।

मानवाधिकार मानव के जीवन के प्रति स्वस्थ दृष्टि या विचार का परिचायक है। 'विचार तो स्मृति, कल्पना एवं तर्क के सहयोग से जीवन की समस्याओं को हल करने का उपकरण है।' (देवीशंकर अवस्थी) यह विचार मानव जीवन के सर्जनात्मक धरातल को बल प्रदान करता है। मानव जीवन की आदर्श स्थिति वास्तव में संस्कृति की विशिष्ट स्थिति कही जा सकती है जो किसी भी समाज के समस्त सदस्यों के समेकित प्रयास की स्वाभाविक परिणति है। इस नज़रिये से मानवाधिकार की सामाजिक स्थिति एक सामाजिक समझौते का रूप धारण करती है। समेकित सामाजिक ज़िम्मेदारी की अनुपस्थिति में मानवाधिकार का सपना मुमकिन नहीं है। इसमें कोई सन्देह नहीं है कि मानवाधिकार अवबोध के सम्यक विकास से किसी भी समाज का लोकतन्त्रात्मक आधार मज़बूत होता है तथा जीवन की अर्थवत्ता में गुणात्मक परिवर्तन सम्भव होता है।

1215 के 'मैग्ना कार्टा' से प्रारम्भित मानवाधिकार का इतिहास, 1948 के 'मानवाधिकार की सार्वभौम उद्घोषणा' से एक परिपक्व अवस्था प्राप्त करता है। इसके अनुसरण में भारत में भी 1993 में 'मानवाधिकार अधिनियम' आदि पारित हुए। इतिहास यह बताता है कि नागरिक या राजनीतिक अधिकार के रूप में मानवाधिकार की बात पहले पहल उठाई गयी। नागरिक अधिकार के अन्तर्गत एक राष्ट्र विशेष के नागरिक के विचार, अन्तश्चेतना और धर्म की स्वतन्त्रता निश्चित की जाती है। वर्ण, वर्ग, नस्ल, भाषा, रंग, जाति, सामाजिक हैसियत आदि के आधार पर किये जाने वाले भेद–भाव का तिरस्कार किया जाता है। राष्ट्र तन्त्र के रूपायन में नागरिक की भूमिका को वैधता प्रदान की जाती

है। मानवाधिकार का अगला चरण सामाजिक अधिकारों का है। इसके अन्तर्गत मानव की बुनियादी सामाजिक ज़रूरतों—कपड़ा, मकान, खाना, शुद्ध पानी आदि को कानूनी मान्यता दी जाती है। शिक्षा का अधिकार, स्वास्थ्य का अधिकार आदि भी इसमें शामिल हैं। आजकल सांस्कृतिक अधिकारों की भी चर्चा की जाने लगी है। मानव को अपनी परम्परा, संस्कृति के संरक्षण और विकास करने का अधिकार है। मानव जीवन के सर्वतोन्मुखी विकास, जीवन से सामंजस्यपूर्ण सन्तुलन बनाये रखने में निजी संस्कृति विशिष्ट भूमिका निभाती है। मानव के आन्तरिक नैपुण्य का विकास, चेतना का विकास आदि मानव की अपनी खास सांस्कृतिक परिस्थिति में ही सम्भव है। जब सांस्कृतिक स्थिति में मानव का उत्कर्ष नहीं होता तब कविता एक तारे के रूप में मानव के जीवनाकाश में अवतरित होती है।

पाब्लो नेरूदा ने एक बार कहा था—"कविता का कोई अर्थ नहीं रह जायेगा/यदि वह/ओस की एक बूँद को बचा न सके।" कविता उदात्त मन का सुन्दर सपना है, आत्मराग है। यही आत्मराग काल के बुलावे के अनुरूप मानव जीवन के समक्ष कभी आँगन, कभी द्वार, कभी प्यार, कभी हथियार, कभी आग, कभी सोच, कभी प्रतिरोध आदि के रूप में परिवर्तित हो जाता है। मानव की सांस्कृतिक यात्रा इन परिवर्तनों को प्रत्यांकित करती है। यह परिवर्तन काल सापेक्ष है। इसलिए कविता समय के साक्षी का रूप धारण करती है। यदि दार्शनिक भाषा में कहें तो समय के पर्दे में ही सारी घटनायें घटित होती हैं। अतएव, समय की यथार्थता से कटकर कविता का कोई अस्तित्व नहीं है। बहुविध जंगलीपन के विस्तार की वर्तमानता में मानव की अनन्त जिजीविषा को कविता हमेशा प्रज्वलित करती है। अशोक वाजपेयी का कथन है—"कविता मुक्ति नहीं, जिजीविषा है जो जितनी भाषा में, उतनी ही समय में।" यह जिजीविषा ही कविता की सर्जनात्मकता का एकमात्र संबल है। यही जिजीविषा जीवन का कारक तत्व है या संचालिका शक्ति है या जीवन का सौन्दर्य है। इस आलोक में कविता मानव के जीवन को सुन्दर बनाने के सर्जनात्मक कार्य की परिणति कही जा सकती है, क्योंकि कविता हमेशा सुन्दरता की वक़ालत करती है, उसका अन्वेषण करती है। यही सौन्दर्य क़विता का एकमात्र साध्य है। अज्ञेय की भाषा में कहा जाये तो यह

सुन्दरता मानव की 'आत्मा का कुसुमन' है। आत्मा के कुसुमन से मेरा तात्पर्य सुन्दरता की उस स्थिति से है जहाँ पहुँचकर मानव के अन्तस में स्थित सृजन की समस्त सम्भावनायें खुल जाती हैं, मानव सच्चे अर्थों में स्वतन्त्रता का अनुभव करता है। यह एक सम्भावना मात्र है। जीवन की असम्भावनाओं को सम्भव बनाने के कार्य में कवि हमेशा जुटा रहता है (अरस्तू)। यह कवि कर्म की अर्थवत्ता का प्रमाण है। पर मानव के जीवन में सुन्दरतम स्थिति की स्थापना इसलिए मुमकिन नहीं हो पाती क्योंकि जीवन के विस्तार के साथ–साथ जीवन के बीच में से अनेकानेक अन्तर्विरोध स्वाभाविक रूप से उभरते हैं जिनकी वजह से मानव की सत्तात्मक स्थिति कुण्ठित हो जाती है। जीवन के सौन्दर्य को लील देने वाले इन अन्तर्विरोधों के उत्सादन से ही मानव के जीवन में सुन्दरता की वृष्टि होगी। इसलिए कविता बिम्ब या शब्दों की सहायता से जीवन के सामयिक हिस्से को, जीवन में परिव्याप्त अमानवीय तजुर्बों को प्रस्तुत करती है, संवाद का मंच सहेजती है, इतिहास का पुनर्निर्माण करती है तथा बड़े–बड़े सवालों की निरन्तरता श्रोता या पाठक के सम्मुख पेश करती है। कविता में उपस्थित प्रश्न इस परिप्रेक्ष्य में संस्कृति का प्रश्न बन जाता है। जब कोई मारा जाता है, प्रताड़ित किया जाता है, विस्थापित होने को मज़बूर किया जाता है, अपमानित किया जाता है या अपने बुनियादी अधिकारों से वंचित किया जाता है तो कविता मौन व्रत धारण नहीं कर सकती, वह प्रश्न करने के लिए उद्यत होती है और जीवन की रिक्तता को कल्पनाजन्य नवीन भावों से भर देती है, नवीन जीवन्तता प्रदान करती है। कविता कभी पक्ष में खड़ी नहीं होती, विपक्ष में ही कविता अपनी जगह बना लेती है। साथ ही वह मानव के सम्मान, गौरव, समानता, स्वतन्त्रता, मानवता, समृद्धि, शान्ति, सुरक्षा, आदि के पहरेदार के रूप में अपनी हाज़िरी दर्ज़ करती है। यही कविता की जनपक्षधरता है, इसलिए कविता कालयात्री के रूप में हमारे साथ है। कविता सपना है, 'ख़तरनाक होता है/सपनों का मर जाना।' (पाश) अतः कवि केदारनाथ सिंह का कहना है—

*और वह आज भी ज़िन्दा है*
*मृत्यु की सारी घोषणाओं के बाद*

*लोग अभी भी उसे सुनते हैं*
*शहरों में, कस्बों में*
*कभी–कभी हवा के साथ बहकर*
*किसी हाट बाज़ार तक*
*टहल आती है उसकी कोई पँक्ति।*

भारत एक प्रभुसत्ता सम्पन्न लोकतन्त्रीय गणराज्य होते हुए भी मानवाधिकार का अनुसरण कहाँ तक हो रहा है, यह एक गम्भीर मसला है, क्योंकि भारतीय समाज की मूल्य व्यवस्था बुजुर्वा मूल्यों से परिचालित है। साथ ही वर्ण, वर्ग, जाति आदि मापदण्डों के आधार पर विभक्त एक श्रेणीबद्ध व्यवस्था आज भी भारत में कायम है जो हमारे सामाजिक चेहरे को विकराल बना देती है। ओमप्रकाश वाल्मीकि अपनी आत्मकथा 'जूठन' की भूमिका में बताते हैं कि–''दलित जीवन की पीड़ाएँ असहनीय और अनुभवदग्ध हैं। ऐसे अनुभव जो साहित्यिक अभिव्यक्तियों में स्थान नहीं पा सके। एक ऐसी सामाजिक व्यवस्था में हमने साँसें ली हैं जो बेहद क्रूर और अमानवीय हैं, दलितों के प्रति असंवेदनशील भी।'' उनका इशारा इस तरफ़ है कि दलितों का जीवन शस्त्र एवं शास्त्र द्वारा दबाया गया है। भारतीय समाज के विविध क्षेत्रों में व्याप्त सवर्ण मानसिकता भारत की बहुतायत जनता की ज़िन्दगी को 'अन्धेरे में' प्रवेश करने के लिए बाध्य करती है। इस घनघोर अँधेरे में मानव के अधिकार के लिए कोई महत्त्व नहीं। भूमिहीन, वंचित, प्रताड़ित, पिछड़े लोगों की आवाज़ कौन सुनता है? सत्ता के उपकरण प्रतिरोध के संग्राम को कुचल देते हैं या मौन के कमरे में प्रवेश करने के लिए बाध्य करते हैं। आशा की किरणें बची हैं। हिन्दी साहित्य की दलित लेखनी बहुसंख्यक दलित जीवन को उसकी पूरी सच्चाई के साथ वाणी देती है। इसमें सर्वत्र भूख की आग है, विपन्नता का दर्द है, अवमानना के प्रति आक्रोश है, साथ ही साथ अपनी अस्मिता को बनाये रखने के अनवरत संघर्ष की ज्वाला है। सत्ता एवं अधिकारों की सतत माँग करती दलित कविता का सौन्दर्य एन. सिंह की राय में 'प्रहार में है, सम्मोहन में नहीं।' साथ ही दलित कविता यह पहचानती है कि सामाजिक हैसियत के आधार पर ही मानव की परिभाषा बदल जाती है। समान अधिकार की वक़ालत करते हुए सुशीला टकभौरे कहती हैं–

*चक्की में पिसते अन्न की तरह नहीं*
*उगते अंकुर की तरह जियो*
*धरती और आकाश सबका है*
*हवा, प्रकाश किसके वश का है।*

"दलित साहित्य दलितों की चेतना को अभिव्यक्ति देता है, इसमें दलित मानवता का स्वर है, एक नकार है, एक विद्रोह है। यह विरोध उस व्यवस्था के प्रति है जो सदियों से दलितों का शोषण कर लाभ की स्थिति में है" (दयानन्द बटोही)। भारतीय समाज में सब कहीं अन्तर्विरोधों का सागर ही फैला हुआ है। जो चावल की पैदाइश करता है उसको पेट भर खाना तक नहीं मिलता, जो कपड़ा बुनता है उसके बदन पर एक चिथड़ा तक नहीं है। सुनार की मुन्नी के कानों में सोने का टुकड़ा तक नहीं, जो मूर्तियाँ बनाता है, मन्दिर बनाता है, वहाँ उनका प्रवेश पाप माना जाता है, जो घर बनाता है उसके सिर के ऊपर का आकाश ही छत है। हमारे समाज में सम्पत्ति का केन्द्रीकरण है, धन का असमान वितरण है। इसलिए भारतीय समाज में 'शक्ति का सन्तुलन' भी नहीं दिखाई देता है। वही समस्त अधिकारहीनता की जड़ है। भारतीय दलित जीवन की महाकाव्यात्मक पीड़ा वाल्मीकि की निम्नलिखित पँक्तियों में समायी हुई है–

*वे भूखे हैं/पर आदमी का माँस नहीं खाते हैं*
*पर लहू नहीं पीते/नंगे है*
*पर दूसरों को नंगा नहीं करते/उनके सिर पर*
*छत नहीं है/पर दूसरों के लिए/छत बनाते हैं।*

यह चमकते भारत की तस्वीर नहीं, डूबते भारत का सच्चा परिदृश्य है। गरीबी, भुखमरी, अपमान के इस भीषण समय में मनोरंजन का जाल–चद्दर ओढ़कर हम गुदगुदी महसूस करते हैं, हमारी ज़िन्दगी एक अर्थहीन हँसी का रूप धारण करती है। वर्तमान जीवन व्यवस्था के बारे में केवल इतना ही कहना पर्याप्त है–"निर्धन जनता का शोषण है/कहकर आप हँसे/लोकतन्त्र का अन्तिम क्षण कहकर/आप हँसे/सबके सब भ्रष्टाचारी/कहकर आप हँसे।" (रघुवीर सहाय)

पूँजीवाद, औद्योगिकीकरण, मशीनीकरण और उपभोक्तावाद एक ही परिवार की सन्तानें हैं। यह व्यक्ति केन्द्रित दर्शन है जो उत्पादन तथा अर्थाधारित व्यवस्था को पोषित करता है। यह जीवन की बहुलता

पर विश्वास नहीं करता है तथा प्रकृति के सीमित संसाधनों को लूटकर अपने साम्राज्य का विस्तार करता है। पूँजीवाद हमेशा एकल संस्कृति को पल्लवित करता है। अतः यह मानव एवं प्रकृति विरोधी है। इसके प्रभाव से वस्तुकरण व अमानवीयकरण की प्रवृत्ति को बढ़ावा प्राप्त होता है तथा इससे मानव की सामाजिकता और उससे उत्पन्न सर्जनात्मक शक्ति कुण्ठित हो जाती है। आजकल की आदिवासी कविता में बुल्डोज़र की भाँति जीवन की सुन्दरता को ध्वस्त करने वाली पूँजीवादी संस्कृति के भीषण हस्तक्षेप के विरुद्ध आवाज़ झलकती है। यह साहित्य प्रकृति, भाषा, संस्कृति के समस्त वैभव को उसकी पूर्ण नैसर्गिकता से बचाने के तीक्ष्ण भाव को अपने कलेजे में सुरक्षित करता है, साथ ही सत्ता तथा पूँजी की शक्तियों के बीच के जघन्य एवं मानव विरोधी गठजोड़ को नंगा करता है। निर्मला पुतुल की कविता उपर्युक्त बातों को साक्ष्यांकित करती है–

*संथाल परगना*
*अब नहीं रह गया संथाल परगना*
*बहुत कम बचे रह गये हैं*
*अपनी भाषा और वेश–भूषा में यहाँ के लोग*
*बाज़ार की तरफ़ भागते*
*सब कुछ गड्ड–मड्ड हो गया है इन दिनों यहाँ*
*उखड़ गये हैं बड़े–बड़े पुराने पेड़*
*और कंक्रीट के पसरते जंगल में*
*खो गयी इसकी पहचान*

नकली विकास के नाम पर जल–थल–जंगल को उजाड़ दिया जा रहा है। यह विकास स्थायी नहीं, इसमें मानव की सम्यक समृद्धि और परितोष का ख़याल नहीं किया जाता। रामदयाल मुण्डा को इसलिए कहना पड़ रहा है कि–"मुझे विकास का यह असह्य दर्द देर तक सहना होगा/समय से पहले ही मेरा काम तमाम होगा।" आदिवासी कविता इस सच्चाई से वाक़िफ है कि हमारी इन्द्रियों के सामने प्रत्यक्ष प्रकृति ही शब्दाकार धारण कर आन्तरिक या वैचारिक जगत का हिस्सा बन जाती है। तात्पर्य यह है कि भाषा की सम्पन्नता व प्रकृति की सम्पन्नता अन्योन्याश्रित है। इस बात को दूसरे ढंग से समझा जा सकता है। पत्तों की 'हरियाली' 'हरा' शब्द बन जाता है। भाषा मानव की नैसर्गिक अस्मिता एवं सर्जना का आधार है। उसमें जीवन की

मिठास है, मृत्तिका की गन्ध है। इस अवसर पर अपनी निज भाषा पर गर्व करने वाली असमिया कवि निताई राभा की पँक्तियाँ याद आती हैं–

*लोमा (दूसरों की भाषा) बोलने के प्रयास में*
*तुमने खो दी अपनी जुबान–अपनी बोली*
*हमारी जुबान भी कम नहीं किसी से मिठास में*

आजकल लाभ का हिमालय खड़ा करने के चक्कर में आदिवासियों को अपनी मिट्टी से विस्थापित करने के लिए पूँजी की ताक़तें विवश कर रही हैं। जंगल की संतानों के बुनियादी मानवाधिकारों का तिरस्कार विकास के ठेकेदार सत्ता की सहायता से बेदर्दी से करते हैं। उनको गोलियों से भूना जाता है, इधर–उधर खदेड़ा जाता है, वनों को मिटाया जाता है, तालाबों को भोथकर सपाट बनाया जाता है और वहाँ रहने वाले 'आदिवासी' को शहर की किसी गन्दी गली के कोने में धकेल दिया जाता है और विकास का ढिंढ़ोरा पीटकर नवीन सभ्यता की पोशाक़ पहनकर गर्व का अनुभव किया जाता है। 'बारूदी मन' से ग्रेस कुजूर जंगल की रक्षा हेतु, 'जघन्य संस्कृति की प्रत्यंचा' पर 'कलम' चलाती हैं—

*करोड़ों सालों में बने/इन पर्वतों को*
*फिर–फिर तोड़ा/और कुँआरी हवाओं को हर बार छेड़ा है*
*जिसके धूल कणों ने/यह प्रकृति*
*एक दिन/माँगेगी*
*अपनी तरुणाई का एक–एक क्षण*
*और करेगी/भयंकर बगावत*

इस भाँति आज का स्त्री लेखन वर्चस्ववादी सभी प्रकार की वैचारिकता का विरोध करता है तथा 'लोकतन्त्र' की अपेक्षा रखता है। 'लोकतन्त्र' केवल एक राजनीतिक व्यवस्था और शासन पद्धति ही नहीं, वह एक ऐसी मानसिकता भी है जो सहिष्णुता की संस्कृति, दूसरों का सम्मान, दूसरों के अन्तरों को स्वीकार, विचारों की अनेकता का आदर, अभिव्यक्ति की स्वतन्त्रता और संवाद की तत्परता विकसित करती है (मैनेजर पाण्डेय)। 'आधी आबादी' की संवेदनाओं को शाब्दिक रूप देने में समकालीन स्त्री कविता सफल हुई है। जीवन में 'स्वतन्त्रता, समानता, भाईचारे' की उम्मीद करने वाली कविता पितृसत्तात्मक तन्त्र के समस्त अन्याय को खोलकर सामने रखती है तथा आर्थिक स्वावलम्बन, शिक्षा, पोषण, स्वास्थ्य आदि की प्राप्ति हेतु वैचारिक पृष्ठभूमि तैयार करती है।

स्त्री कविता असल में मानव जीवन के आर्थिक, राजनीतिक, नैतिक, दार्शनिक, सांस्कृतिक, सामाजिक, मनोवैज्ञानिक आदि अनेकानेक आयामों को स्पर्श करती है। यही कविता मानव के आधारभूत मानवाधिकारों की प्राप्ति के लिए खिड़कियाँ खोलती है। अथक आत्मविश्वास के साथ स्त्री जीवन संघर्ष का रास्ता अपनाती है। कात्यायनी कहती हैं—

*संकल्प चाहिए/अद्‌भुत अन्तहीन*
*इस सांद्र, क्रूरता के अँधेरे में*
*जीना ही क्या कम है/एक स्त्री के लिए*
*जो वह/रचने लगी/कविता!*

रमणिका गुप्ता ने अपने एक साक्षात्कार में बताया है कि—"समकालीन न्याय के प्रश्न पर कविता हो या नारी मुक्ति के सवाल पर अथवा पुरुष के दम्भ और अहम के ख़िलाफ़ या लिंग भेद के विरोध पर—स्वाभाविक है कि स्त्री चेतना का पक्ष वहाँ अधिक मज़बूती से उभर कर सामने आयेगा ही।" कविता गुप्ता इसी सुर में सुर मिलाती हुई आहवान करती हैं—

*लड़ो–लड़ो/अधिकारों की लड़ाई लड़ो*
*कर्तव्यों का निर्वाह करते हुए*
*परन्तु मत चढ़ो बलि/हाँ, मैं तुम्हारे साथ हूँ*
*मेरी अधूरी छोड़ी लड़ाई लड़ो।*

संक्षेप में क्या कहूँ, केवल इतना कह सकता हूँ कि मानव अधिकार के अभाव में मानव के जीवन का विकास सम्भव नहीं होगा। मानवाधिकारों का सफ़र जीवन की पूर्णता की तलाश के लिए किये जाने वाला सफ़र है। मानव के अधिकारों का हनन मानवता के विरुद्ध अपराध है। राजेश जोशी की निम्नलिखित पँक्तियों में चित्रित 'बच्चे' समस्त मानवाधिकारों से वंचित मानव के 'आइकन' के रूप में हमारे सामने आते हैं और हमें सोचने के लिए बाध्य करते हैं कि इस प्रकार की 'भीषण व्यवस्था' का अन्त कब होगा। इन शब्दों के साथ मैं विराम का चिह्न लगा देता हूँ—

*काम पर जा रहे हैं बच्चे?/क्या अन्तरिक्ष में गिर गयी हैं सारी गेंदें*
*क्या दीमकों ने खा लिया है/सारी रंग–बिरंगी किताबों को*
*क्या काले पहाड़ के नीचे दब गये हैं सारे ख़िलौने*
*क्या किसी भूकम्प में ढह गयी हैं/सारे मदरसों की इमारतें।*

# विकास से संवाद करता समकालीन हिन्दी साहित्य

अश्विन की टीकाटीक दोपहरी के बाद
रात गये कराहती है मरुभूमि
बिलखते हैं धरती की कोख में/सूखते हुए बीज
किस समुद्र में सोए हुए हैं हमारे मेघ

**–एकांत श्रीवास्तव**

मैं जानता हूँ कि विकास का कोई नया मॉडल सुझाना साहित्यकार का काम नहीं होता है, लेकिन जिस विकास की प्रक्रिया से मानव प्रताड़ित होता है, उसके पक्ष में खड़ा होना तो कलाकार का फर्ज बन जाता है। जीवन में विषमता की खाइयों में डूबते मानव को तिनके का सहारा साहित्य हमेशा प्रदान करता है। उसके दर्दनाक जीवन तजुर्बों को मानवीय संवेदना का संस्पर्श प्रदान कर जीवन के बहुआयामी स्तरों को उन्मूलित करना साहित्यकार का ज़िम्मा है। आँखों के सामने प्रत्यक्ष यथार्थ के पीछे कार्यरत कार्य–कारण सम्बन्धों को प्रस्तुत करते समय साहित्यकार अपनी रचना में एक दार्शनिक का लिबास धारण कर हमारे सामने आता है, वही दार्शनिकता भविष्य में नया पंथ खोलती है।

वैश्वीकरण के वर्तमान सन्दर्भ में चारों ओर विकास की चर्चा बुलन्द हो रही है। सामान्य व्यवहार में विकास एक ऐसा शब्द है जिसमें जीवन के विविध धरातल पर होने वाले परिवर्तन,, वैज्ञानिक–तकनीकी विस्तार, आर्थिक मापदण्डों में सुधार के साथ ही मानव की समृद्धि का भाव अन्तर्भूत है। इससे मानव जीवन की वर्तमान स्थिति में परिवर्तन होता है, उसका प्रतिफलन मानव जीवन के सामाजिक, सांस्कृतिक व आर्थिक धरातलों पर होता है। मानव अपने विकास के कार्यक्रमों के

माध्यम से अपने जीवन की बुनियादी ज़रूरतों की पूर्ति करता है तथा भौतिक सुविधाओं को प्राप्त करता है। इसे एक प्रकार से अपनी जीवन स्थितियों की सीमाओं के उल्लंघन के या मानव जीवन के परिवर्तन की प्रक्रिया के अंश के रूप में देखा जा सकता है। इस प्रकार के समस्त कार्यकलापों में मानव के मूलभूत परितोष पर ध्यान दिया जाता है।

साहित्य भी मानव के विकास की चर्चा करता है। साहित्य तो मानसिक–बौद्धिक परिवर्तन के माध्यम से सांस्कृतिक परिवर्तन की वकालत करता है तथा नवीन भाषिक संरचना के माध्यम से नवीन वैचारिक स्थिति को खड़ा करता है। यह नवीनता मानव की आन्तरिक चेतना के विकास को ही दर्शाती है। लेकिन सवाल यह है कि आज के विकास का मापदण्ड क्या है, क्या वह मानव की समृद्धि को पोषित करता है? ऑडम सिरमाई अपनी रचना 'द डायनामिक ऑफ सोश्यो इकोनॉमिक डेवलेपमेंट—एन इन्ट्रोडक्शन' में यह बताते हैं कि मानव के विकास का आधार आधुनिक काल में 'अर्थ' है। क्या केवल अर्थाधारित मानव के विकास को सच्चा विकास कहा जा सकता है? साहित्यकारों की प्रतिक्रिया इस ओर किस प्रकार रही है। इस ओर प्रकाश डालना ही मेरे इस पर्चे का उद्‌देश्य है।

इस अवसर पर अमर्त्य सेन के 'विकास की परिकल्पना' पर ध्यान देना युक्तिसंगत प्रतीत होता है। उनकी भाषा में—'द डेवलपमेंट इज एन इन्टीग्रेटेड प्रोसेस ऑफ द सस्टैनेबिल फ्रीडम्स।' कहने का तात्पर्य यह है कि मुक्तियों के सन्दर्भ में ही विकास की चर्चा की जानी चाहिए। मुक्ति से उनका तात्पर्य यह है उन बन्धनों से मुक्ति है जो मानव के समस्त विकास को अवरुद्ध करते हैं या कभी असम्भव बनाते हैं। इस आलोक में तो कुपोषण, बुनियादी ज़रूरतों का अभाव, गरीबी, बीमारी, अकाल मृत्यु, अशिक्षा, प्राकृतिक वैभव का विनाश आदि ऐसे बन्धन हैं जिनसे मानव की चेतना का विकास अवरुद्ध हो जाता है। अतएव, मुक्ति के सन्दर्भ में चर्चा इसलिए भी युक्तिसंगत है कि साहित्य स्वयं मुक्तगामी एवं मुक्तिकामी है जो मानव की चेतना के सतत विकास का दस्तावेज़ है।

मानव संस्कृति एवं सभ्यता पर विचार करते हुए लगता है कि संस्कृति अपने आप में भाषा का वरदान है। यह संस्कृति मानव के चिन्तन व्यापार का अन्जाम है। वर्तमान जीवनालोक में विचार करते हुए लगता है कि अर्थाधारित विकास तो भाषा के विकास को अवरुद्ध करने वाला होता है। आज का विकास अतिशय औद्योगिकीकरण का समर्थन करता है जो समस्त प्रकृति को

बाज़ारी माल के रूप में परिवर्तित करता है। इस परिवर्तन से प्रकृति का समस्त वैभव अप्रत्यक्ष होने लगता है। प्रकृति का नष्ट हो जाना भाषा का नष्ट हो जाना ही है, क्योंकि प्रकृति ही मानव की भाषा के रूप में परिवर्तित हो जाती है। साथ ही यह भी देखने को मिलता है कि बाज़ार किसी भी हालत में भाषा की बहुस्वरता की हिमायत नहीं करता, क्योंकि बहुस्वरता वाणिज्य एवं व्यापार में रोड़ा उपस्थित करती है। इसलिए एकशिलात्मक संस्कृति का बढ़ावा पूँजीवादी ताक़तें करती हैं। भाषा केवल मानव के वैचारिक विनिमय के साधन के रूप में गिनी नहीं जाती, वह संस्कृति की संचालिका है। भाषा का नाश संस्कृति का नाश है। यही संस्कृति मानव की सर्जनात्मकता का प्रमाण है। इसका नाश असल में मानव के विकास को सम्पुष्ट नहीं करेगा। आर्थिक उपनिवेशीकरण के दौर से ही उपनिवेशक शक्ति यह पहचानती थी कि भाषा के नाश से ही किसी उपनिवेशीकृत राष्ट्र की संस्कृति का उत्सादन सम्भव है तथा तभी उपनिवेशक की संस्कृति का पल्लवन सम्भव होगा। इसलिए ऐसी साज़िशें चलाई जाती हैं कि सत्ता के उपकरणों के बल पर खास हीनता ग्रन्थि उपनिवेशी जनता की मानसिकता में सृजित कर उन्हें गुलाम बना दिया जाता है। इससे वशीभूत होकर उपनिवेशीकृत जनता अपनी भाषा एवं संस्कृति को छोड़कर उच्च समझी जाने वाली उपनिवेशक की संस्कृति के चंगुल में फँस जाती है। इससे ऐसी जनता का अतीत लुप्त होता चला जाता है। अतीत से वंचित मानव प्रतिरोध नहीं करता है, यदि करता है तो अस्थायी होता है। इससे शोषण का विस्तार मात्र होता है। शोषण की प्रक्रिया मानव की गरिमा की, सम्मान की और जीवन की गुणवत्ता की वृद्धि नहीं करती है।

समकालीन साहित्य में इस प्रकार के भीषण भाषिक–सांस्कृतिक आतंक का चित्र प्रतिबिम्बित हुआ है। एकांत श्रीवास्तव अपने उपन्यास 'पानी भीतर फूल' में भाषा के संरक्षण की बात करते हैं। उपन्यास की भाषिक संरचना इस प्रकार बुनी हुई है कि श्रीवास्तव ने जान–बूझकर झारखण्ड की बोली के शब्दों का प्रयोग प्रभूत मात्रा में इस प्रकार किया है कि उन सारे के सारे शब्दों के अर्थ खड़ी बोली हिन्दी में कोष्ठक में दिये हैं ताकि वे जीवित रहें। उपन्यासकार ने भाषा की जैविकता की रक्षा के उपाय के रूप में इस प्रकार का 'प्रयोग' किया है। वे जानते हैं कि भाषा में प्रयुक्त शब्द ध्वनियों का निरा गुच्छा नहीं होता, वह एक संसार है, जीवन के विराट अनुभवों का सागर उसमें समाया

हुआ है। कुछ शब्द देखिए—नोनी (छोटी बच्ची), रँधा (पेरा), गोटियाना (बतियाना), डिबरा (ऊँची जगह), सल्लग (लगातार), दनगरा (दरार), डोंगरी (छोटी पहाड़ी), खोर (गली)। भाषा एवं संस्कृति पर होने वाली चढ़ाई पर विचार करते हुए 'पठार पर कोहार' नामक उपन्यास में राकेश कुमार सिंह कहते हैं कि किसी जाति को ख़त्म करने के लिए तीन चीज़ें ख़त्म करनी होती हैं—उस जाति की भाषा, संस्कृति और अर्थ व्यवस्था। आगे उनका कहना है—"वन प्रांतर में दीकुओं के प्रवेश के बाद जंगल के समीकरण बदलने लगे—आर्थिक और सामाजिक भी। सबसे पहले जंगल ने खोयी अपनी प्राकृतिक मौलिकता। फिर खोने लगी जनजातियों की अपनी प्राकृतिक भाषायें और बोलियाँ। इसके बाद वन और वनेतर रीति–रिवाज़ों और संस्कारों में घाल–मेल शुरू हुआ। ख़ूब गहरे जंगल में सम्भवतः अब भी सुरक्षित हो जनजातियों की स्वाभाविक मौलिकता।" इसलिए वीरेन डंगवाल का कहना है कि—"वैश्वीकरण भाषाओं, संस्कृतियों और कविता का शत्रु है।" यह सही है कि जंगल, ज़मीन के मिट जाने से जीवन का आधार फिसल जाता है, यही फिसलन आज के विकास का नतीजा है। इस पर नरेश सक्सेना की पँक्तियाँ हैं—"अब नहीं मेरे लिए : हल नहीं बैल नहीं/खेतों की गैल नहीं एक हरी बूँद नहीं/तोते नहीं, ताल नहीं/नदी नहीं, आर्द्र नक्षत्र नहीं/कजरी मल्हार नहीं मेरे लिए/जिसकी कोई नहीं ज़मीन/उसका नहीं कोई आसमान।" इसी अनुपात में रणेन्द्र की कविता 'समझिए साहब' इसलिए कहती है—"हरीतिमा की गहरी जड़ों से जुड़ी है/हमारी सभ्यता की जड़ें।" इस विभीषिकामय परिस्थिति में कुणाल सिंह का पात्र कहता है—'जान देबो जो भी देबो ना'। (जान दूँगा, ज़मीन नहीं दूँगा) रवीन्द्र वर्मा का पात्र भी यही दोहराता है—'मैं अपनी झाँसी नहीं दूँगा।'

अस्वतन्त्रता मानव के आत्मसम्मान, स्वावलम्बन, आत्मप्रकाशन, मानवीयता आदि का दुश्मन है। जिस विकास में विन्यासात्मकता नहीं, वहाँ 'असन्तुलन' का विकास होता है। असन्तुलित विकास एक ओर सामाजिक जीवन में 'तनाव' का सृजन करता है, तो दूसरी तरफ़ प्रकृति की तन्दुरुस्ती भी बिगाड़ देता है। मार्क्स की भी यही मान्यता रही कि प्रकृति मानव का अजैव शरीर है। प्रकृति में होने वाला ऋणात्मक परिवर्तन मानव के जीवन के आन्तरिक एवं बाह्य जीवन को प्रभावित करेगा। मानव की भौतिक उपस्थिति असल में अपने आप में निर्भर

नहीं है। एक अतिविस्तृत जैविक--अजैविक सम्बन्धों के बीच मानव का जीवन टिका हुआ है। प्रकृति अपने आप में एक तन्त्र है। उस तन्त्र की असंगति जीवन की असंगति बन जाती है। मानव के हस्तक्षेप से होने वाले पर्यावरणीय असन्तुलन इसका उत्तम उदाहरण है। मंगलेश डबराल का कहना है—"आबोहवा की फ़िक्र में आलीशान जहाजों में बैठे हुए लोग/जा रहे हैं एक देश से दूसरे देश/ऐसे में थोड़ी ऑक्सीजन चाहिए।" (घटती हुई ऑक्सीजन) देव आनन्द की कविता है 'भयानक चुप्पी–इंतजार बुरे समय का' बेदख़ल होने की वेदना को हमारे सामने दिखाती है—"यह साज़िश है कि/चिडियों के उड़ान में/शामिल नहीं रहे पेड़/बेदख़ल हो रहे मूलवासी/जंगल और ज़मीन से खेती–बाड़ी में बेदख़ल है/गाँव गँवार के लोग/खेल–खिलौने मिट्टी के घरौंदे से बेदख़ल हो रहे हैं बच्चे।" इन्दिरा गोस्वामी का कथन है कि—"झारखण्ड की शिवनाथ नदी बेची गयी। मोनियारी, हसदेव, सोनबोरोई में बहुत कम पानी था, वह उथली हो गयी थीं। सब कहीं सूखा पड़ने वाला है।" वाणिज्य–व्यापार की संस्कृति व भोग–लोभ की संस्कृति के विकास का यही परिणाम है।

आर्थिक आधार पर केन्द्रित विकास की संस्कृति के उन्नयन से मुट्ठी भर लोगों का फ़ायदा होता है। यह संस्कृति मानव को मानव के रूप में वह रहने नहीं देती। जी.डी.पी. की वृद्धि या पर कैपिटा की वृद्धि के आधार पर सम्पूर्ण समाज के विकास को मूल्यांकित नहीं किया जा सकता। आज का नज़ारा यह है कि विकास के नाम पर आदिवासियों की ज़गीन हथियायी जाती है, निशेष आर्थिक अंचल (सेस) के नाम पर, टेक्नोपार्क, उद्योग आदि के लिए जल, जंगल, ज़मीन हड़प लिए जाते हैं, खनन–खानन के माध्यम से पृथ्वी को खोखला बना दिया जाता है, बाँध के नाम पर एक ओर हज़ारों वर्षों की प्राकृतिक सम्पत्ति सदा सदा के लिए नष्ट हो जाती है, लोगों को अपने निवास स्थान से विस्थापित होना पड़ता है, अपने बुनियादी सांस्कृतिक–जैविक अधिकारों से वंचित होना पड़ता है। साफ है नियोन बल्बों के तले का विकास सच्चा विकास नहीं होता। कुछ व्यक्तियों की ज़िन्दगी की सफलता के आधार पर समूची जनता के जीवन को नहीं आँका जा सकता। आज का विकास धन–बाज़ार–उपभोग–मुनाफ़ा के सूत्र पर आगे बढ़ता है। मैनेजर पाण्डेय सही बताते हैं–"नयी पीढ़ी के सामने मानवीय संवेदना,

देशप्रेम, समाज की चिन्ता, पीड़ितों और दुःखियों से सहानुभूति आदि की सारी संवेदनाओं को पूँजीवाद की संस्कृति नष्ट कर रही है।'' शम्भुनाथ इसको आगे बढ़ाते हुए 'साम्राज्यवाद, वैश्वीकरण और राष्ट्रीय पुनर्जागरण' नामक निबन्ध में कहते हैं—''वैश्वीकरण ने व्यापारियों को अति धूर्त, स्वेच्छाचारी और क्रूर बना दिया है। इसने आदमी में प्रचण्ड लोभ भर दिया है।'' मानव को असंवेदनशील बनाने वाले विकास के बारे में क्या कहा जाये। इसी असंवेदनशीलता से उत्पन्न असमानता का आसमान रणेन्द्र का उपन्यास 'ग्लोबल गाँव के देवता' इस प्रकार विस्तारित करता है—''पानी जलपान जुटाने में ही हमारी औरतों की आधी ज़िन्दगी गुजर जाती है। बरसात के सीज़न की तो मत पूछिए। बन्द खदानों के सैकड़ों गड्ढे विशाल पोखरों में बदल जाते हैं। कीचड़ में लोटते सुअरों और हमारे बच्चों में फ़र्क़ करना मुश्किल हो जाता है। वहाँ के गेस्ट हाउस के मेस में छत्तीस तरह के व्यंजन, मुहावरे वाले नहीं सचमुच के, क्या खाए क्या नहीं खाए।'' बली शीर्षक कहानी में स्वयंप्रकाश की प्रतिक्रिया देखिए—''यह आरम्भ था बाज़ार बनने की प्रक्रिया का। बच्चे भूखे रहते थे। चोरी करने के लिए हालात द्वारा उकसाए जाते थे और हमेशा के लिए गाँव से मुक्त हो जाने का सपना देखते थे। जर्जर और कृशकाय औरतें, सभ्य समाज का चाल–चलन जिन नज़रों से देखती थी उनमें कौतूहल कम होता था, भय ज़्यादा।'' यहाँ बाज़ारी–मशीनी विकास की परिकल्पना पर तीखी टिप्पणी है। मशीनी उत्पादन प्रक्रिया मानव की सर्जनात्मकता को सम्पुष्ट नहीं करती तथा उसके परितोष या आत्मिक तुष्टि का ख़याल नहीं करती। उसमें मानव के श्रम का विकास नहीं होता तथा सर्जनात्मकता का पल्लवन नहीं होता। इसलिए 'बखेड़ापुर' मशीनी संस्कृति पर खिल्ली उड़ाते हुए कहता है—''ज्वाला सिंह की खेतों की कटनी के लिए हार्वेस्टर आया है—जवार भर में हाथी की तरह रौंदता हुआ घूम रहा है हार्वेस्टर। जवार भर के मजदूरों ने उसका नाम 'राकस' रख दिया है। वह राक्षस ही तो है, मजदूरों की रोटी को हड़प रहा है। उसने किसान और मजदूरों के आपसी रिश्ते को तहस–नहस करने की ठान ली है...हार्वेस्टर आने से गाँव के गरीब लोगों में हाहाकार मचा है।'' मशीनीकृत जीवन–संस्कृति में मानव केवल मशीन का हिस्सा मात्र रह जाता है। वास्तव में श्रम मानव की जैविकता का आधार है। वह

सोद्देश्यपूर्ण रचनात्मक प्रक्रिया है जिसका सम्बन्ध मानव की जैविक अस्मिता से है। यदि इस जैविकता से मानव वंचित रह जाता है तो वहाँ जीवन की उल्टी गिनती शुरू हो जाती है। इसे जंगलीपन की ओर मानव का विकास कहा जा सकता है। जंगलीपन का विस्तार विकास का पर्याय नहीं है। अतएव, कुणाल सिंह मशीनीकृत उत्पादन व्यवस्था पर व्यंग्य बाण कसते हुए कहते हैं—"तराजू प्रकृति के नियमों के ख़िलाफ़ एक अद्‌भुत यन्त्र है। दुनिया में कितनी चीज़ें हैं, कितने पेड़–पौधे हैं, कितनी जगहें हैं कोई हिसाब नहीं। तराजू से नाप–तौल किया जाता है। निष्कर्ष निकाला जा सकता है कि पृथ्वी पर चार किलो शहर हैं, डेढ़ किलो देश हैं, एक क्विंटल मर्द–मानुख और एक मन औरतें, पाँव भर दिन और तीन सौ ग्राम रात, एक दर्ज़न रुलाई और छटाँक भर हँसी। चाहे एक लीटर दुःख के पैकेट पर सुख की एक टिकिया फ्री।" मुनाफ़े पर आधारित इस विकास पर कवि की संवेदना क्या रही देखिए। विनय दूबे की कविता 'जो है अपने होने के अलावा' कहती है—"लाओ एक किलो चावल, दो किलो आटा, एक पैकेट/टाटा नमक और एक माचिस मुझे उधार दो/और मेरे खाते में लिख लो/मैं वर्ल्ड बैंक के मुताबिक/साँस लेने को तैयार हूँ।" अभी सोचने का वक़्त आ गया है। हम यह नहीं जानते हैं कि हम क्या कर रहे हैं। अत्याचारी अपना चिकना चेहरा दिखाकर हमारे पास आता है। हमारा सब कुछ सत्यानाश करके चला जाता है। हम अपना कोमल हाथ बढ़ाकर उसको स्वीकार करते हैं या स्वीकार करने के लिए मजबूर होते जा रहे हैं—

*अत्याचारी के निर्दोष होने के कई प्रमाण हैं*
*उसके नाखून या दाँत लम्बे नहीं हैं/आँखें लाल नहीं रहतीं*
*बल्कि वह मुस्कुराता रहता है।*
*अक्सर अपने घर आमन्त्रित करता है।*
*और हमारी ओर अपना कोमल हाथ बढ़ाता है।*

इसका कारण स्पष्ट है—'हमारे मन में भाव नहीं, मस्तिष्क में विचार नहीं।' राजेश जोशी का यह कथन आज की स्थिति में खरा उतरता है। हमारे विकास के नक़्शे को बदलने का यही सही वक़्त है।

# हिन्दी और मलयालम की हरी कविता

मानव, जानवर, पेड़, नक्षत्र
रेशम के धागे में पिरोए मोती हैं।
पंच की सिरा के कटने पर
वे चराचर थक जाते हैं।

**–पी. कुञ्ञिरामन नायर**

कविता अपने मूल में प्रतिरोधात्मक सांस्कृतिक पहल का ही दूसरा नाम है। अपनी ज़िन्दगी की सीमाओं को लाँघने की कोशिश मानव अनवरत करता रहता है, अपने जीवन की पूर्व स्थिति से मानव को उठाकर नवीन सुधरे हुए परिवेश की ओर परिवर्तित करने के वैचारिक कार्य की परिणति के रूप में संस्कृति को देखा जा सकता है। इस प्रकार के परिवर्तन के मूल में 'समृद्धि' का भाव हमेशा अन्तर्भूत रहता है। मानव के सामाजिक हस्तक्षेप की बुनियाद में मानव की वैचारिकता काम करती है। वर्तमान ज़िन्दगी की सीमाओं को मूर्त रूप प्रदान कर भावबोध के स्तर पर सकारात्मक परिवर्तन कर उसे मानव की अस्मिता के अभिन्न हिस्से के रूप में बदलना या स्वस्थ अवबोध की स्थापना करना कवि की शब्दसाधना का एकमात्र उद्देश्य रहता है। दार्शनिक दृष्टि से मानव की अन्दरूनी चेतना के सतत परिष्करण में ही कविता की अमरता है।

हरी कविता वास्तव में वर्तमान जीवन की परतों में दिखाई पड़ने वाले अनगिनत अन्तर्विरोधों को सम्बोधित करने वाली शाब्दिक प्रतिक्रिया है। हरी कविता प्रकृति और मानव के बीच के आत्म–जैविक सम्बन्धों की अनिवार्यता पर बल देती है तथा इस सम्बन्ध में विद्रूपताएँ उत्पन्न करने वाले तत्वों के प्रति मानव को जागरूक बनाती है। वर्तमान काल में प्रकृति–पुरुष के दरमियान में स्थित द्वैतता की भावना ने मानव को

प्रकृति के शिकारी के रूप में परिवर्तित किया। आज का मानव प्रकृति का असीम शोषण इस प्रकार करता है कि प्रकृति उसके उपभोग की वस्तु मात्र है। इस उपभोग का अन्जाम यही हुआ कि प्रकृति के सीमित वैभव, प्रकृति की विविधता, नैसर्गिकता ख़त्म हो जाती है। इससे प्रकृति की जैविकता में असन्तुलन का विस्तार होता है, मानव के साथ ही अन्य जीव–जन्तुओं की जैविक अवस्थिति खतरे में पड़ जाती है। इस विडम्बनात्मक स्थिति से उत्पन्न जीवन स्थितियों की संवेदनात्मक प्रतिक्रिया वास्तव में हरी कविता का प्राण–तत्व है। पूँजीवादी संस्कृति के विकास के परिणामस्वरूप विकसित बाज़ारवादी, उपभोगवादी, संस्कृति के विकल्प की तलाश हरी कविता निरन्तर करती रहती है। मलयालम और हिन्दी कविताओं के विशेष सन्दर्भ में आगे इस आलेख में विचार किया जायेगा।

प्रकृति और मानव के बीच के चिरंतन जैविक सम्बन्ध को किसी भी हालत में नकारा नहीं जा सकता। प्रकृति के विभिन्न तत्व प्रकृति की विभिन्न वस्तुओं के रूप धारण करते हैं। लेकिन आज के मानव की जीवन दृष्टि अर्थ–केन्द्रित है। इसलिए आज की हरी कविता जीवन की 'अर्थकेन्द्रिता' का विरोध करती है तथा 'प्रकृति केन्द्रिता' की हिमायत करती है। प्रकृति के चैतन्य को 'अर्थ' द्वारा निर्धारित नहीं किया जा सकता। प्रकृति की सर्जनशीलता को अपनी मशीनी ताक़त से इन्सान प्रतिस्थापित नहीं कर सकता। एक बार मिट जाने पर प्राकृतिक सम्पत्ति को फिर प्राप्त नहीं किया जा सकता है। पेड़ को काटना ज़िन्दगी की जड़ों को काटना है। पेड़ मानव की प्राणवायु प्रदान करने वाला शिवमूर्ति है। पेड़ के गायब हो जाने से हरियाली ख़त्म हो जाती है, उस पेड़ पर नीड़स्थ पक्षी का आसरा नष्ट हो जाता है। पेड़ की जड़ों में सुरक्षित मृत्तिका हिलने लगती है। साथ ही पेड़ के नष्ट होने से अनेकानेक छोटी–बड़ी जीवराशियों का आधार नष्ट होता है। पेड़ माँ है, वह खाना देता है, फल, पानी, प्राण, छाया, आश्रय आदि प्रदान करता है। इसलिए सुगतकुमारी यह सवाल पूछती हैं—"एक पेड़ की मृत्यु की कीमत क्या है?/एक पक्षी के रुदन की कीमत क्या है?' अय्यप्पा पणिक्कर भी इसी भाव को अनुगूँजित करते हैं—"एक पेड़ के काटे जाने से मरुस्थल जन्म लेता है, पेड़ के काटे जाने से खेती की मृत्यु होती हैं।" यह मरुस्थल केवल मिट्टी का बंजर होना नहीं, मानव के

मन का बंजर होना भी है, क्योंकि प्रकृति ही विभिन्न प्राणिजातों के रूप में जन्म लेती है, वही मानव की भाषा की जननी है। प्रकृति की प्रत्येक वस्तु आपस में जुड़ी हुई है। प्रकृति में परिव्याप्त ममत्व एवं समत्व जीवन के सौन्दर्य को ही दर्शाता है। कवि पी.के. गोपी की 'कातल' शीर्षक कविता इस प्राकृतिक सच्चाई की ओर आज के मानव का ध्यान आकृष्ट करती है। कविता के शब्द हैं—

*पेड़ काल–साक्षी है/पत्तों की बातचीत*
*हृदयों से हैं/हर शाखा/एक कोयल से प्यार करती है*
*हर एक फूल/एक तितली को प्यार करता है*

प्रकृति की विभिन्नता भाषा, संस्कृति एवं सभ्यता की विभिन्नता का मूल है। खेती मानव की संस्कृति एवं सभ्यता का प्रांगण है। खेती मानव की जैविकता को प्रकृति के साथ मिलकर सुरक्षित रखने के भावात्मक समझौते का नाम है। लेकिन आजकल खेती प्रकृति के दोहन को मज़बूत करने का कार्य बनती जा रही है। मशीन, प्रौद्योगिकी, कीटनाशक, रासायनिक खाद आदि के प्रयोग से मिट्टी की उर्वरता नष्ट होती जा रही है। यह सुन्दरता का निषेध है, सर्जना का निरोध है। इसलिए अनिता वर्मा 'पृथ्वी' शीर्षक कविता में लिखती हैं—"तुमने ही दिया है सब कुछ सुन्दर/गन्ध, रूप, रस और शब्द/जिन्हें हम ख़ूब खोते रहे जीवन में।" हमारे आस–पास से सब कुछ अप्रत्यक्ष होता जा रहे हैं। इससे जीवन का दायरा संकरा होता जा रहा है। नवल शुक्ल प्रकृति के नष्ट होते प्रताप से बुरी तरह से आतंकित हैं–

*कम हो रहा है/हमारा संसार*
*हवा कम हो रही है/पीने के पानी तक का अकाल*
*धरती कम हो रही है/हमारे वायुमण्डल का विस्तार*
*पेड़–पौधे कम हो रहे हैं/कम हो रही हैं ऋतुएँ।*

इसी स्वर में स्वर मिलाते हुए नरेश दाधीच महसूस करते हैं कि प्रकृति की जैविक चक्रिकता अब नहीं रह गयी है, प्रकृति में व्यतिक्रम उत्पन्न हो गया है। आजकल ऋतुओं का आगमन नहीं होता है। मौसमी परिवर्तन की ओर हमारा ध्यान आकृष्ट करते हुए वह पूछते हैं—'महावट सी बरसात कहाँ/शरद पूनम की रात कहाँ है'। भूतापन, सुनामी, भूकम्प, अतिवर्षा, सूखा, बाढ़ प्रकृति की जैविक प्रतिक्रिया के रूप हैं। प्रकृति एक विशाल जैविकता को अपने अन्दर समाहित रखती

है। वह अपने आप में एक सन्तुलित व्यवस्था या तन्त्र का नाम है। जब मानव के हस्तक्षेप से प्रकृति का स्वाभाविक सन्तुलन बिगड़ जाता है तब जीवन के रंग बदरंग होने लगते हैं। आजकल प्रदूषण से प्रकृति के सारे तत्वों की स्वाभाविक नैसर्गिकता ख़त्म होती जा रही है। बाज़ार एवं उपभोग की बढ़ोत्तरी प्रकृति की विपुलता या ऐश्वर्य को डुबो देती है। प्रकृति की सर्जनात्मक चक्रिकता धीरे–धीरे विलुप्त होती जा रही है। इसका मूल कारण प्रकृति में मानव का अविवेकपूर्ण आतंक है। राजेन्द्र उपाध्याय प्रकृति में होने वाले दुख को इस प्रकार वाणीबद्ध करते हैं—"गुलमोहर सूख रहे हैं/पेड़ कट रहे हैं/चिड़ियाँ मर रही हैं/और इस शहर में वसन्त नहीं टिकता।"

आज मानव के ऊपर बाज़ार हावी हो रहा है। आज का बाज़ार मानव को असंवेदनशील मशीन के रूप में बदल देता है। बाज़ार उसकी क़द्र करता है जिसके पास धन हो। मालों के मालिक को समाज में आदर–सम्मान प्राप्त होता है। माल में आरोपित मूल्य उस माल के मालिक की सामाजिक प्रतिष्ठा तय करता है। समाज में अपनी अस्मिता स्थापित करने के लिए माल की ख़रीदी के साधन के रूप में धन को हस्तगत करने की भागमभाग हर कहीं नज़र आती है। धनाधृत जीवन–दर्शन मानव को असंवेदनशील बनाकर छोड़ देता है। भूमण्डलीकरण की विभीषिका के वर्तमान में बाज़ार मानव की सृजन क्षमता के हस्तान्तरण की स्थली नहीं है। आज जो आदमी उत्पादन प्रकिया से जुड़ जाता है, उसका फ़ायदा उसे प्राप्त नहीं होता है। पूँजी एवं तकनीकी के आसुरी सम्बन्ध मानव को खोखला बनाकर छोड़ देते हैं। विज्ञापन की दुनिया मानव के मन में वस्तु के आधिपत्य को स्वीकार करने की पृष्ठभूमि तैयार करती है। यह ग़लतफ़हमी फैलायी जाती है कि गुण का वर्चस्व वस्तुओं में है। प्रेमशंकर शुक्ल पूँजीवादी इस साज़िश को हमारे सामने पेश करते हुए कहते हैं कि कोका कोला का विज्ञापन बाज़ार के विकृत मुखौटे की चीर–फाड़ करता है। कवि के शब्द हैं—"पानी का मतलब/ठण्डा मतलब कोका कोला नहीं/प्यास की वर्तनी को बाज़ार बना देने की प्रवृत्ति के ख़िलाफ़ होना है/सख़्त ख़िलाफ़।"

जब हम प्रकृति का सीमातीत शोषण करते हैं तब जीवन का आधार हिलने लगता है। वर्तमान विकास की ढोंगी परिकल्पना मानव को स्थायी मुक्ति प्रदान नहीं कर सकती है। इस विकास से एक ओर

बाज़ार मज़बूत होता है, अर्थ का केन्द्रीकरण होता है। असमानताओं की वजह से एक ओर अमीरी का विस्तार है तो दूसरी तरफ़ गरीबी का। अर्थ के साम्राज्य को खड़ा करने के लिए प्रकृति को ध्वस्त किया जाता है तो इसके परिणामस्वरूप समाज के बहुसंख्यक लोग जीवन की मुख्यधारा से गायब होते जा रहे हैं। पूँजीवादी शोषण से जीवन का आन्तरिक एवं बाह्य पक्ष कमज़ोर होता रहता है। इस संसार में मानव का जीना मुश्किल होता जा रहा है, यहाँ मानव की आत्मिक तुष्टि या समृद्धि का ख़याल नहीं किया जाता है, प्रकृति के संरक्षण की बात ही नहीं उठती। पूँजी की इस संस्कृति को दानव संस्कृति की संज्ञा दी जा सकती है। दोहन की प्रक्रिया से भीषणता की आग भभक उठती है। हरी कविता इस सच्चाई की तरफ़ अपनी नज़र दौड़ाती है—''गरजते समुंदर के तटों से/काली रेत की डकैती कर/देश के वैभव को हड़प लिए जाने पर/जंगल धूप में जल जाता है।''

आज का मनुष्य आखेटक की प्रवृत्ति से परिचालित है। विज्ञान की विभूति से उसके हाथों में बेशुमार उपकरण हस्तगत हुए हैं जिनकी मदद से प्रकृति पर उसका प्रभुत्व स्थापित हो गया है। आजकल पल भर में पहाड़ को तहस–नहस किया जा सकता है, नदियों को सुखाया जा सकता है, नदियों की गति बदली जा सकती है, जंगल को मैदान बनाया जा सकता है। भीषण औज़ारों से शक्ति सम्पन्न मानव का सामना निहत्था जंगली जानवर कैसे कर सकेगा। मानव यह भूल जाता है कि प्रकृति की ही नहीं, मानव की जैविक स्थिति एक व्यापक जैविक–अजैविक सम्बन्धों के मध्य स्थित है। मानव प्रकृति की जैविक श्रृंखला की एक कड़ी मात्र है। आज के मानव का मन अन्धे विकास के मोहजाल में फँस गया है। प्रकृति के अनन्त चैतन्य को पहचानने में उसकी आँखें आजकल असमर्थ हैं। भोग के मोहजाल से बचकर निकलने के लिए राजकिशोर की भाषा में असाधारण वीरता की ज़रूरत है। मानव के विवेक को नष्ट–भ्रष्ट करके ही उपभोग का संस्कार आगे बढ़ सकता है—''लालच के दरवाज़े/खोलने के बाद/पीछे मुड़कर जाने के लिए/असाधारण वीरता की ज़रूरत है।''

समय की माँग यह है कि यदि आसुरी रुख़ से मानव पीछे नहीं खिसक जायेगा तो दर्द का जगत मानव का इंतज़ार करेगा। चुल्लू भर पानी के लिए भविष्य में मानव गिड़गिड़ायेगा। व्यापार एवं वाणिज्य

का संस्कार शोक के सागर की तरफ़ हमें ले जायेगा। आज पानी का व्यापार शुरू हुआ है, जिस तादाद में प्रकृति का शोषण बढ़ता जायेगा उसी अनुपात में पानी का बाज़ार सशक्त होता जायेगा। जो ताक़त पानी को गन्दा या मलिन कर छोड़ती है वही ताक़त पानी का बाज़ार खड़ा करती है। मण्डी के लिए राष्ट्र के संविधान को ख़रीदा जाता है। युद्ध, समझौते के सिलसिले का प्रारम्भ किया जाता है। शोषण के व्यापन से मानव हवा की दुकान खोलने के लिए आज सन्नद्ध होकर बैठा हुआ है। बिक्री की मानसिकता का बीज बाज़ार उपभोक्ता के मन में बोता है। यहाँ तक कि मलयालम के कवि रावुण्णि अपनी कविता 'प्रवाचक' में कहते हैं—"चौक की ज़मीन बिक्री के लिए है/बहिनें बिक्री के लिए हैं।/प्यार और दया बिक्री के लिए हैं/कुएँ तो खोपड़ी की आँखों के गड्ढ़े–से सूखे हुए हैं/सपाट बनाये गये खेतों में से जल–जन्तुओं की तड़पन/गरम हवा के रूप में बाहर आती है।"

आज का कवि समाज की इस पतित अवस्था के कार्य–कारण सम्बन्धों को परखने की कोशिश करता है। कवियों का कहना है कि सुविधाभोगी/उपभोगवादी संस्कृति इसका मूल कारण है। प्रकृति के वैभव को प्लास्टिक की थैलियों में बाँधकर बाज़ार में सजाया जाता है, इतिहास को, संस्कृति को, शरीर को, भावनाओं को तकनीकी संचार माध्यमों की मदद से विज्ञापन का रूप देकर बाज़ार की ओर मानव को आकर्षित किया जाता है। इससे ध्वंसकारी धनतन्त्र का राज आगे बढ़ता है। धीरे–धीरे लोकतन्त्र भी धनतन्त्र का पर्याय बन जाता है। पूँजी के हित के सामने जनहित एव न्याय निष्प्रभ हो जाता है। आजकल नकली विकास की रूपरेखा या मीठा नारा पेश कर मानव को बहकाया जाता है। बढ़ते व्यापारिक और वाणिज्यिक समझौते के दौर में एकांत श्रीवास्तव महसूस करते हैं कि एक हस्ताक्षर से हम ख़ुद को खो देते हैं—

*सिर्फ़ हस्ताक्षर किया जाता है*
*और गीली पड़ जाती है, धरती की देह*
*बुझ जाता है चाँद, सूख जाती है नदियाँ*
*अदृश्य हो जाते हैं हरे–भरे खेत...*
*सिर्फ़ एक हस्ताक्षर किया जाता है*
*और खो देते हैं हम।*

इसमें कोई गुंजाइश नहीं कि जब तक मानव का आन्तरिक विकास नहीं होगा तब तक हमारे बाह्य का विकास भी नहीं होगा। प्रकृति छोटे–छोटे परितन्त्रों का एक गुच्छा है। पर्वत की महिमा का गायन करते हुए करीप्पुषा श्रीकुमार कहते हैं—"मैं सह्य पर्वत हूँ/प्यार से तुम्हें खान–पान दिया/वनौषधि दी/शब्द, तपस, रत्न दिये/मैं सह्य पर्वत हूँ।" इस विभीषिकामय जीवन परिस्थिति में प्रकृति के साथ अद्वैत की स्थापना से जीवन में वसन्त का आगमन होगा। प्रकृति के कण–कण में परिव्याप्त अनन्त जीव चेतना को पहचानने की उत्प्रेरणा आज की हिन्दी–मलयालम की हरी कविता ज़रूर प्रदान करती है। बढ़ती असंवेदनशीलता के कालखण्ड में जीते हुए कवि केदारनाथ सिंह का किसान अपने बेटे को उपदेश देता है—"हरा पत्ता कभी मत तोड़ना/अगर तोड़ना हो तो ऐसे कि/पेड़ को ज़रा भी/न हो पीड़ा।" लेकिन आज के असंवेदनशील जंगली उपभोग की संस्कृति का शिकार हुआ मानव भौतिक सुविधा के लिए पल भर में पहाड़ को समतल बनाता है। हमारी आँखों के समक्ष जंगलों को, खेतों को, जलाशयों को मृत्युदण्ड देते हुए क्रूरता की संस्कृति अपना पैर आगे करती है। पी.पी. रामचन्द्रन की कविता काट्टे–कड़ले (हवा–सागर) आज के जीवन की जीवन्त वेदना को अपने अन्दर सोख लेती है और कवि आशा करता है कि हमारी धरती फिर से हरी–भरी हो जाये—

*पंदलम कुन्नु, पुत्रकुन्नु/पुलियारकुन्नु, परक्कुन्नु*
*चलकुन्नु, चंतकुन्नु/करिंपनकुन्नु (पहाड़ों के नाम)*
*नाम पुकारने पर/कतार में खड़े होकर*
*एक एक करके/लॉरी में चढ़ जाओ*
*जहाँ कहा जाता है, उतरना है/सपाट की हुई ज़मीन पर*
*उतरना है।/आठ लाइनों वाली सड़क को वहनकर खड़ा रहना*
*सिर के ऊपर काल/शुभ कहूँगा तो अडिग रहना।*

❑❑